12/18

REIKI
ANGELICAL
para el amor

TERESA SALAZAR

REIKI
ANGELICAL
para el amor

UNA GUÍA DE AUTOTERAPIA
PARA ILUMINAR TUS RELACIONES
Y SANAR TU CORAZÓN

Obra editada en colaboración con Editorial Planeta – Colombia

Diseño de portada: Departamento de Diseño Grupo Planeta

© 2017, Teresa Salazar

© 2017, Editorial Planeta Colombiana S. A.- Bogotá, Colombia

Derechos reservados

© 2018, Editorial Planeta Mexicana, S.A. de C.V.
Bajo el sello editorial DIANA M.R.
Avenida Presidente Masarik núm. 111, Piso 2
Colonia Polanco V Sección
Delegación Miguel Hidalgo
C.P. 11560, Ciudad de México
www.planetadelibros.com.mx

Primera edición impresa en Colombia: octubre de 2017
ISBN: 978-958-42-6274-5

Primera edición impresa en México: abril de 2018
ISBN: 978-607-07-4823-3

Impreso en los talleres de Litográfica Ingramex, S.A. de C.V.
Centeno núm. 162, colonia Granjas Esmeralda, Ciudad de México
Impreso en México –*Printed in Mexico*

Querido lector:
Este libro es para ti.
Que la sutil y poderosa energía del reiki angelical
florezca en tu vida y permita
en tu existencia la magia del amor.

ÍNDICE

PRÓLOGO

Debo reconocer que no soy un experto en el tema del reiki ni en el del mundo angelical. Jamás he aplicado sus estrategias terapéuticas, pero valoro su existencia y, tras bambalinas, reconozco su presencia. Creo que el mundo invisible es real y acudo a él con relativa frecuencia en mi vida personal y familiar.

Del amor, la materia central de esta obra, conozco lo mismo que cualquier persona: he sentido desde las simples mariposas en el estómago, hasta sus más poderosos impulsos, que colorean la vida y le dan felicidad y sentido a todo. También he vivido los sinsabores de su ausencia y todas las penas del alma que la acompañan. Sin embargo, en este asunto, la vida me ha permitido ir un poco más allá: desde que asumí el rol de terapeuta y acompañante de pacientes en el duelo afectivo hace 30 años, he podido constatar muchas veces el poder sanador del amor. He presenciado su fuerza maravillosa, que renueva todas las cosas, y he visto su efecto de imán que atrae, complementa y une a los seres humanos.

Como médico, encuentro que el amor es una medicina muy poderosa; una fuente de salud tangible que permite la sanación y el florecimiento de la vida. Donde hay falta de amor, hay padecimiento del cuerpo, la mente y el corazón.

Por eso busco que, en su proceso de recuperación, mis pacientes reconozcan, agradezcan y alimenten el amor en sus vidas: el amor a sí mismos, a su pareja, a sus familiares, a sus amigos, a sus mascotas, a la naturaleza, a su trabajo, a las medicinas y a todo lo que compone la existencia. Y es en ese sentido, que la propuesta de este libro me resulta válida e interesante.

Sobre todo valoro esta obra porque conozco el corazón de quien la escribe y puedo dar fe de que Teresa es una fuente de amor en vida. Su presencia cercana irradia amor, y así también su palabra oral y escrita. Su coraje y persistencia en aprender de su propio dolor y vivencias, la han llevado a soñar con un amor saludable y posible para los lectores. Y creo que así será, si "San Rafa" —como secretamente le digo al arcángel que nos ayuda y guía a los médicos cada día— ha trasmitido parte de la sabiduría consignada aquí.

Sé que el amor tiene muchos caminos para llegar a nosotros y tocarnos con su fuerza. Espero entonces que, como yo, los que se acerquen a este libro lo hagan con la mente abierta y el corazón dispuesto. Así podrán acceder al mejor amor que esté disponible para sus vidas.

SANTIAGO ROJAS
Bogotá, septiembre de 2017

INTRODUCCIÓN

Un camino hacia el amor

La relación de pareja es sin duda uno de los pilares más importantes de la existencia humana. Por encima de la riqueza, el poder o el éxito, el mayor anhelo de la mayoría de los seres humanos es encontrar el amor verdadero. Todos hemos soñado alguna vez con encontrar la pareja perfecta, la relación armónica y completa que nos dé estabilidad y al mismo tiempo nos impulse a volar y a ser lo mejor que podemos ser. Por eso, más allá de los tropiezos o las heridas de amores frustrados, sin importar la edad o el momento de la vida, en el fondo siempre volvemos a ese impulso natural de encontrar el amor y vivir nuestra vida en pareja.

Es posible que hayas tenido que afrontar el dolor de un adiós inesperado o la frustración de una relación fallida; que hayas tenido alguna relación tóxica de pareja que haya cambiado tu percepción del amor y te haya alejado, sin darte cuenta, de ese verdadero amor que está esperándote o que ya está en camino. Quizás hayas tenido que enfrentar el temor, la soledad, el dolor y uno que otro golpe al ego, que a veces nos hace sentir que las cosas son más difíciles de lo que verdaderamente son e incluso nos hace poner en duda si el amor es para nosotros. Si eso te ha ocurrido alguna vez, hoy vengo a decirte algo que entendí hace varios años: el amor verdadero no es una ilusión reservada para unos pocos. Es un hermoso regalo que nos pertenece a todos… y ¡tú no eres la excepción!

Siempre he sabido que cada ser humano tiene su complemento perfecto. Sin embargo, en mis largos años como terapeuta, he podido constatar que para acceder al amor verdadero tenemos que prepararnos emocional y espiritualmente. Debemos trabajar primero en nosotros mismos, perdonar lo que nos ha hecho daño, eliminar lo que no nos permite avanzar y dejar en el pasado lo que a él le pertenece. Solo entonces podemos reconocer cuando el amor verdadero toca a nuestra puerta, recibirlo con los brazos abiertos y darle la bienvenida a nuestra vida y nuestro corazón.

El trabajo personal es un recorrido que requiere compromiso y dedicación. Por suerte existen técnicas como el reiki angelical, la cual empecé a compartirte en mi primer libro *Reiki angelical en casa* (Editorial Planeta, 2016) y continuarás aprendiendo en las siguientes páginas. Mientras lees, los siete arcángeles estarán a tu lado, intercediendo por ti para que el amor llegue a tu vida o se mantenga en ella y se materialice en relaciones estables, sanas y basadas en el amor profundo y verdadero.

Lo que encontrarás en este libro

Las enseñanzas que plasmo aquí son el resultado de una canalización del arcángel Rafael, quien a lo largo de diez años me ha enseñado a combinar el reiki tradicional con la sanación asistida por los arcángeles. Son ellos quienes quieren entregarte las herramientas para renovar tu vida sentimental. En estas páginas tienes a tu disposición el conocimiento de una técnica poderosa que te transformará, como ya lo ha hecho con tantas personas. Encontrarás autoterapias, meditaciones dirigidas y ejercicios para sanar y mejorar tu vida sentimental. Aprenderás a utilizar la energía de amor de los ángeles y a combinarla con los poderosos símbolos del reiki para poner en orden tu energía. De esta manera, *Reiki angelical para el amor* te permitirá eliminar de la mente y el corazón cualquier obstáculo que no permita que avances hacia lo que sueñas y te inspirará a amarte más para que puedas amar a otros de verdad. Te ayudará a sanar tu corazón para que puedas renacer de las cenizas, como el Ave Fénix.

Recuerda que la felicidad depende de ti; eres tú quien elige cómo vivir. No importa cuántos años tengas o si has perdido la fe en el amor, siempre hay un camino nuevo por recorrer. Si este libro llegó a tus manos es porque es momento de hacer un alto en tu vida y regalarte la oportunidad de volver a abrir la puerta, de creer y confiar. Cuando estás lleno(a) de confianza y amor por ti mismo(a), esa energía se proyecta hacia afuera y abre el camino hacia el amor y la felicidad.

MI REGALO PARA TI

Hace más de veinte años que trabajo incansablemente por el bienestar propio, el de mis pacientes y el de todos los que están a mi alrededor. He sido terapeuta de muchas personas y he tenido la oportunidad de acompañarlas en su proceso de transformación a través de meditaciones, canalizaciones angélicas, seminarios, terapias y sanaciones con reiki y otras técnicas milenarias. Sin embargo, no siempre supe cuál era mi verdadero rumbo. Aunque desde el inicio intuía el poder y la luz que me habían sido entregados, todos los días me preguntaba cuál era mi misión en esta vida, qué camino debía seguir.

Cuando empecé a hacerme esos cuestionamientos de manera más profunda, se desató una cadena de eventos que cambió mi vida por completo y que me hizo entender el poder de las segundas oportunidades. Te la quiero compartir.

Desde niña había soñado con tener una familia feliz y un matrimonio de los que "vivieron felices para siempre". Sin embargo, el sueño se quedó en fantasía. Me casé siendo muy joven y convencida de que mi matrimonio sería para toda la vida. Por eso durante mucho tiempo intenté a toda costa mantener mi matrimonio: perdoné mentiras e infidelidades, me convencí de que podía cambiar a mi pareja y me empeñé en demostrarme que, pasara lo que pasara, yo tendría un hogar, *el* hogar feliz con el que había soñado desde pequeña. Forcé las cosas para conservar la fantasía que había creado, aun sabiendo en el fondo de mi corazón que no era feliz y que él tampoco lo era.

Fueron muchos los años en los que nos comportamos más como compañeros que como esposos, hasta que un día finalmente nos separamos. El amor se había ido y la frustración de un matrimonio fallido era lo único que quedaba para los dos. A pesar de eso, el día en que él se fue de la casa, me armé de valor y le dije: "Quiero darte las gracias por los años que vivimos y por nuestros hijos. Solo quiero que cuando cruces esta puerta, te vayas en busca de la felicidad. Quiero de corazón que seas muy feliz, que crezcas como persona, que cada día que pase se engrandezca tu corazón y logres lo que a mi lado no conseguiste. Quiero que aproveches esta oportunidad para acercarte más a tus hijos, para decirles cuantas veces puedas que los amas y para ganarte su amor día a día". Él me pidió perdón por todos los momentos amargos y ambos, en medio del llanto, nos dijimos adiós. Los dos sabíamos que era una despedida que duraría para siempre.

Antes de eso, yo había hablado con mis hijos y les había dicho que iba a hacer un duelo de tres días, pues sentía que de esa forma me reencontraría a mí misma. Lloré durante tres días seguidos, con un llanto incontrolable. Cuando terminó ese tiempo, sentí que verdaderamente había logrado perdonar a mi expareja de todo corazón. Sin embargo, seguía buscando una respuesta para entender por qué había ocurrido todo. Estaba sufriendo y sentía que la frustración y la desilusión me invadían poco a poco. Seguía pensando cómo había llegado hasta ahí, por qué y para qué tenía que vivir una despedida y un adiós tan doloroso si yo siempre había sido justa y entregada a mi familia.

Así pasaron varios meses hasta que una mañana lo entendí: como todos los días, me había levantado a hacer mi meditación y mi autoterapia de reiki angelical, y había pedido desde el corazón entender por qué debía pasar por esta situación que estaba viviendo. De pronto empecé a sentir una gran cantidad de luz en todo mi ser y me invadió una sensación mágica de amor. Sentí que mi corazón brillaba, me sentí más feliz que nunca. Invadida de amor, empecé a repasar mi vida: recordé la sonrisa de mi padre —una sonrisa única, pues lograba sonreír con sus ojos—. Recordé también a su hermana, mi querida tía Marina, la cual, días antes de morir, me dijo por teléfono: "Nunca olvides a los ángeles ni dejes de meditar con ellos". Recordé el nacimiento de mis hijos y algunos momentos de su infancia. Vi a mis nietos —¡mis amados nietos!—, y con cada imagen mi corazón sonreía un poco más. De un momento a otro, sintiendo cada vez más realización y felicidad, empecé a agradecer todo lo que había logrado y lo que tenía en mi vida.

Era tanta la felicidad que me regalaba el universo, una felicidad perfecta que no sentía hacía muchos años, que incluso pensé que tal vez había llegado el momento de mi muerte, pues había leído que antes de morir uno repasa su vida de principio a fin. No me asusté y, por el contrario, seguí agradeciendo. En ese momento tuve una revelación: entendí que lo que había vivido al lado de mi esposo era un proceso que tenía que seguir para aprender a perdonar y volver a empezar haciéndome cargo de mi propia vida. Esa ruptura había llegado para enseñarme que cada situación que vivimos nos ayuda a cumplir nuestro propósito.

Desde ese día siento una gran felicidad. Entendí que nunca es tarde para lograr lo que deseamos y que, al perdonar y dejar ir en paz a las personas que nos han causado daño, abrimos la puerta a un nuevo comienzo. Cuando se perdona de corazón, el regalo es para uno mismo; en ese instante dejas de sufrir y entregas la carga para que el universo la transforme.

Hoy puedo decir que agradezco infinitamente esos años que en un momento pensé que había perdido, porque en ese tiempo aprendí las mejores enseñanzas para la vida. Adquirí el conocimiento que me regalaron el universo y los ángeles, y entendí que el perdón y la gratitud son la herramienta más poderosa para soltar el dolor. Y ese es mi regalo para ti: con esta poderosa técnica del reiki angelical, los ángeles están dispuestos a ayudarte a soltar todas las cadenas que te atan al pasado y no te permiten vivir en paz y en plenitud.

Aprovecha esta oportunidad para retomar tu amistad con los arcángeles, esos mensajeros de Dios que están dispuestos a sanarte y ayudarte de forma amorosa. En tus manos tienes una maravillosa herramienta para cambiar tu vida y llenarla de amor y felicidad. Recuerda que tienes libre albedrío y que solo tú puedes decidir si quieres dar este paso y abrirte a recibir la magia y los milagros que puede traer a tu vida el reiki angelical. Si así lo decides y estás listo(a), te invito a recorrer este hermoso camino. Acompáñame en este viaje y descubre lo fácil que es sanar tu vida sentimental con tus propias manos.

PRIMERA PARTE

Iniciación

Nota: Si leíste mi libro *Reiki angelical en casa* (Editorial Planeta, 2016), seguramente estarás familiarizado(a) con la información que presento en esta primera parte. En ese caso, puedes seguir la lectura normalmente y repasar algunos conceptos o ir directamente a la segunda parte del texto (página 47). Pide ayuda a tus ángeles y decide amorosamente lo que sea mejor para ti.

CAPÍTULO I

LOS TRES PILARES DEL REIKI ANGELICAL

La técnica del reiki angelical combina el poder de los símbolos del reiki con la energía sutil de los ángeles. Para ello se vale también del conocimiento de los cuerpos físico, energético y espiritual, los cuales busca equilibrar a través del trabajo con los chakras. Estos últimos, junto con los símbolos del reiki y los ángeles, son los tres pilares que componen la práctica del reiki angelical. Veamos un poco sobre ellos.

LOS SÍMBOLOS DEL REIKI[*]

Los símbolos del reiki son originarios de Japón, Tíbet e India. Pasaron siglos antes de que Mikao Usui los recibiera en

---

[*] La palabra "reiki" ("rei", energía vital, proveniente de lo divino, y "ki", energía vital que circula dentro de los seres vivos) proviene del japonés y significa "energía universal en unión con energía vital". Esta técnica canaliza la energía divina y la transmite a diferentes puntos del cuerpo a través de la imposición de las manos y de la visualización y repetición de los cinco símbolos que te serán entregados en este libro. Su filosofía se basa en cinco principios: 1) Solo por hoy no te enojes; 2) Solo por hoy no te preocupes; 3) Solo por hoy sé agradecido; 4) Solo por hoy trabaja de forma honrada, y 5) Solo por hoy sé amable con los demás.

meditación para enseñar la técnica, solo que quienes antes conocían esta información la mantenían secreta, reservada exclusivamente para grupos selectos.

Cho Ku Rei [cho-ku-lei]

Significado: "Fuerza y poder"
Funciones:

» Abrir los canales de energía y potencializarla.
» Acortar el tiempo de solución de un problema determinado.
» Limpiar e intensificar la energía de los ambientes, personas y objetos.
» Liberarnos del miedo.
» Potencializar los tratamientos médicos.
» Cargar de energía positiva objetos o alimentos.

Sei Hei Ki [sei-je-ki]

Significado: "Luz infinita"
Funciones:

» Liberar los bloqueos emocionales y físicos.
» Curar enfermedades a nivel físico, mental y espiritual.
» Sanar adicciones.
» Limpiar de energías pasadas objetos, cristales y espacios.
» Liberar de objetos y espacios cualquier bloqueo o carga energética que traigan de antiguos dueños.

Hon Sha Ze Sho Nen [jon-shaze-sho-nen]

Significado: "No existen límites para sanar en el tiempo y el espacio"

Funciones:

» Abrir el mundo invisible para sanar el pasado, el presente y el miedo al futuro.
» Limpiar traumas del pasado, como situaciones dolorosas en la niñez.
» Sellar lo que imaginamos para nuestro futuro.
» Recordarnos que podemos acceder al universo sin límite alguno.

Dai Ko Myo [daiko-mio]

Significado: "Conexión con el amor divino"

Funciones:

» Ayudarnos a conectar con el corazón.
» Recordarnos que cuando le ponemos amor a una situación, esta resulta de la mejor manera.
» Sanar situaciones relacionadas con el amor, la autoestima, el amor por la familia, el amor por el prójimo y el amor por la pareja.

Raku [raku]

Significado: "La iluminación".

Funciones:

» Despertar la conciencia divina, conectándonos con el cielo y la tierra y permitiendo que la energía fluya dentro de nosotros.
» Permitir que la energía fluya a través de nosotros y potencializar nuestras manos para la autoterapia.

LOS ARCÁNGELES

Cuando un aspecto de nuestra vida se encuentra mal, provoca el mal funcionamiento del chakra correspondiente a esa situación, de modo que todo lo referente a ese punto energético se desordena o se bloquea, lo que agrava la situación. Los sentimientos de baja vibración —como la tristeza, la rabia, la negatividad, la ira o la depresión— reemplazan los campos energéticos positivos, lo que causa muchas veces afectaciones a la salud física y les da paso a enfermedades del cuerpo y del alma. El reiki angelical limpia y actúa de manera amorosa y perfecta para aliviar todos los puntos energéticos, armonizándolos y llenándolos de paz y tranquilidad. Esto nos libera del dolor, nos ayuda a curar las cicatrices emocionales del pasado, nos permite sanar el presente e, incluso, programar el futuro.

Arcángel Uriel

Significado: "Fuego de Dios"
Chakra: Raíz
Color: Rojo rubí
Funciones:

» Es el arcángel de la información, las ideas y las epifanías.
» Intercede para que haya abundancia económica, se mantenga el sentido del humor y haya estabilidad laboral.
» Elimina los bloqueos que impiden la abundancia y la prosperidad.
» Da impulso para perderle el miedo a la vida. Es el patrón de los que buscan eliminar la ignorancia.

» Protege a maestros, líderes espirituales, sacerdotes, filósofos, rabinos, gurús, ministros y a todos los que aman la sabiduría espiritual.

Arcángel Chamuel

Significado: "El que ve a Dios" o "El que busca a Dios"
Chakra: Sexual
Color: Naranja
Funciones:
» Es el arcángel del amor incondicional y divino.
» Intercede para despertar el amor por nosotros mismos, por la humanidad, por la familia y por la pareja.
» Elimina la negatividad del corazón y nos ayuda a sanarlo.

Arcángel Jofiel

Significado: "La sabiduría divina"
Chakra: Plexo solar
Color: Amarillo
Funciones:
» Es el arcángel de la sabiduría suprema.
» Nos permite despertar nuestro guía interior, nuestra inspiración y nuestra creatividad.
» Muestra la solución inteligente y tranquila de situaciones en conflicto.
» Ayuda a encontrar la claridad mental, la luz interior y la alegría.
» Ofrece la inspiración para crear negocios y la capacidad para cumplir proyectos, encontrar nuestro propósito y descubrir nuestro conocimiento supremo.

Arcángel Rafael

Significado: "Curación de Dios". (Aquí, "curación" no solo se refiere a la salud del cuerpo, sino también a la del alma.)

Chakra: Corazón

Color: Verde

Funciones:

» Es el sanador divino.
» Tiene el poder de la curación a todo nivel: físico, mental, espiritual.
» Por ser el arcángel que otorga a los seres humanos la energía sanadora de Dios, nos da el don de la transformación y ofrece el remedio perfecto para los dolores del cuerpo y del alma.
» Se le invoca siempre antes de empezar la autoterapia.
» Es el patrón de los hospitales y los enfermos, e intercede para que cuidemos el cuerpo físico y emocional con gran amor y atención.
» Es también gran protector de ciegos, médicos, enfermeras y viajeros. Nos asiste para eliminar adicciones como el cigarrillo, el alcohol y la glotonería.
» Nos ayuda a mantenernos libres de cualquier enfermedad a nivel físico, mental y espiritual.

Arcángel Miguel

Significado: "Quién como Dios"

Chakra: Garganta

Color: Azul

Funciones:

» Es el arcángel protector. Nos cuida física, emocional, mental y psíquicamente.

» Nos ayuda a tener justicia, valor, fuerza e integridad. Nos protege en caso de agresión o peligro.

» Nos hace invisibles e invencibles ante cualquier energía que no provenga de Dios, liberándonos de vibraciones negativas y de cualquier daño o pensamiento contra nuestra integridad mental, física o energética.

Arcángel Gabriel

Significado: "Dios es mi fortaleza", "La fuerza de Dios" u "Hombre de Dios"
Chakra: Entrecejo
Color: Blanco
Funciones:

» Es el anunciador de todo lo nuevo en nuestra vida.

» Fortalece la visión, nos inspira en todos los planos artísticos, purifica espacios, protege a las familias para que se mantengan unidas y ayuda a guiar a las personas hacia los empleos donde pueden desarrollar sus talentos.

» Otorga el don de la palabra, elimina de la mente pensamientos negativos y cuida a las mujeres en el embarazo y en el parto.

Arcángel Zadquiel

Significado: "Justicia divina"
Chakra: Coronilla
Color: Violeta
Funciones:

» Es el arcángel de la libertad, la misericordia y el perdón.

> » Ayuda a liberar y a transformar cualquier pensamiento o sentimiento negativo hacia los demás y hacia nosotros mismos.
> » Convierte lo negativo en positivo.
> » Nos incita a la rectitud, la pureza, la aceptación, la misericordia, la tolerancia y la alegría de vivir.
> » Transmuta en amor perfecto los sentimientos de baja vibración, como el odio, la amargura, el resentimiento, la ira, el egoísmo y la envidia.

Los chakras

Para sanar con reiki angelical es indispensable entender cómo funciona el campo energético, pues no solo somos cuerpos físicos; también tenemos un cuerpo mental y otro espiritual, los cuales se manifiestan en nuestro cuerpo físico a través de los chakras ("ruedas energéticas"). Estos son campos sutiles que se encuentran a lo largo de nuestra columna vertebral. Cada uno vibra en una frecuencia y un color específicos. Son como válvulas que regulan y manejan nuestra energía vital y equilibran nuestros cuerpos físico, mental y energético.

En el reiki angelical trabajamos con los siete chakras principales: *coronilla* (conexión con Dios), *entrecejo* (intuición), *garganta* (comunicación), *corazón* (amor, sanación), *plexo solar* (fuerza interior), *sexual* (creatividad) y *raíz* (conexión con lo material). Además, trabajamos con un arcángel por cada chakra. Dependiendo de la situación que se quiera sanar, debe invocarse el arcángel respectivo, junto con san Rafael, quien siempre debe estar presente. Al poner las manos en el chakra que queremos sanar, y tras pedir ayuda a los arcángeles correspondientes, fluye un torrente de energía pura y revitalizadora que sana a nivel físico, mental y emocional.

El siguiente dibujo muestra la ubicación de cada chakra, su arcángel y color correspondiente. Te recomiendo que lo memorices, pues trabajarás con él a lo largo de todo el libro.

GRÁFICO: LOS CHAKRAS, SUS ARCÁNGELES Y COLORES

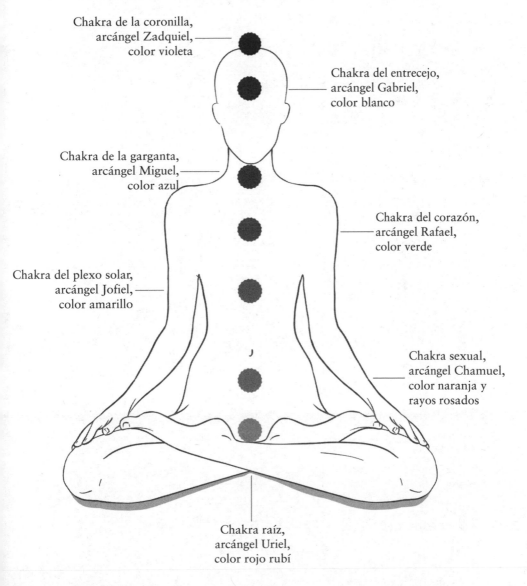

Chakra de la coronilla, arcángel Zadquiel, color violeta

Chakra del entrecejo, arcángel Gabriel, color blanco

Chakra de la garganta, arcángel Miguel, color azul

Chakra del corazón, arcángel Rafael, color verde

Chakra del plexo solar, arcángel Jofiel, color amarillo

Chakra sexual, arcángel Chamuel, color naranja y rayos rosados

Chakra raíz, arcángel Uriel, color rojo rubí

CAPÍTULO II

PREPARACIÓN PARA INICIAR
EL CAMINO DEL REIKI ANGELICAL

ACTIVA TUS CARTAS

Si los símbolos del reiki se activan con solo dibujarlos, pintarlos o visualizarlos, imagina el poder que pueden tener cuando le sumas la energía sutil de los ángeles. ¡Eso es exactamente lo que haremos aquí! Las cartas que acompañan este libro están diseñadas para reforzar el poder de los símbolos y facilitarte su utilización. Solo tienes que seguir las sugerencias de uso que encontrarás en los ejercicios y meditaciones de estas páginas.

Antes de comenzar a trabajar con las cartas, es indispensable que las cargues con tu energía. Esto puedes hacerlo así:

» Toma la primera carta y llévala a tu corazón.
» Cierra los ojos e imagina una luz verde que sale de tu pecho y envuelve la carta, transmitiéndole tu más pura esencia.
» Abre tus ojos, mira el símbolo de la carta, repite su nombre en voz alta tres veces y siéntete rodeado(a) por la energía perfecta del reiki angelical.
» Repite este proceso con las cartas restantes.

Es importante que sepas que estas cartas son de uso personal y solo tú debes utilizarlas, pues estarán programadas única y exclusivamente para trabajar con tu energía. En lo posible, procura que no las manipule nadie más.

EQUILÍBRATE FÍSICA, MENTAL Y ENERGÉTICAMENTE

El paso más importante para iniciarte en el camino del reiki angelical es el paso de la iniciación. Para realizarlo, debes prepararte física, mental y espiritualmente. Los siguientes ejercicios te ayudarán a hacerlo. Debes realizarlos todos en el tiempo que consideres y con profunda intención de amor. Al terminar, debes poner las manos en tu corazón y a conciencia decidir si estás preparado(a) para iniciarte en este mundo mágico del reiki angelical.

AUTOEXAMEN ENERGÉTICO

Este ejercicio te pone en contacto con tu energía divina y te permite saber qué áreas de tu vida debes sanar. Si esta es la primera vez que vas a experimentar con tus chakras, no te preocupes si sientes más energía en uno que en otro, o si ves los colores en unos y en otros no. Pase lo que pase durante este primer ejercicio, simplemente relájate y repítelo las veces que necesites. Recuerda que hasta ahora estás despertando tus sentidos sutiles y que tu capacidad de conectar con tus chakras mejorará progresivamente con la práctica.

> » Siéntate en un sitio tranquilo. Concéntrate en tu respiración y siente el latido de tu corazón. Inhala y exhala, llenando tu abdomen por un minuto. Cierra tus ojos.
> » Visualiza tu chakra de la coronilla como una esfera brillante de luz violeta que gira en el sentido de las ma-

necillas del reloj. Di mentalmente: "En perfecto orden y en perfecta luz".

» Repite el paso anterior con los demás chakras, imaginándolos como una esfera brillante del color que corresponda a cada uno (mira el gráfico de la página 35).

» Cuando termines de hacer el ejercicio con el chakra de la raíz, haz una respiración profunda y agradece desde el corazón.

» Abre tus ojos. Toma una hoja y anota la respuesta a estas preguntas: ¿Tuve dificultad en ver o en darle brillo a alguno de los colores? ¿A cuál? ¿A qué chakra corresponde? ¿Tuve dificultad en ver alguno de mis chakras girando en el sentido de las manecillas del reloj? ¿Cuál? ¿A qué chakra corresponde?

» Si hubo algún color que no viste o no lograste imaginar girando en perfecto orden y en perfecto brillo, cierra nuevamente tus ojos, concéntrate en tu respiración y llama al arcángel que trabaja ese chakra (ten presente también el color con el que trabaja): "Arcángel _____: desde mi corazón te pido enviar tu luz color _____ a mi chakra de _____, dejándolo en perfecto movimiento y en perfecta luz para mi bien y el bien de los demás. Gracias, gracias, gracias". Asegúrate de que todos los chakras queden en perfecto orden y en perfecto movimiento.

» Si no te costó trabajo visualizar ninguno de tus chakras en perfecto color y movimiento, solo debes decir al terminar el ejercicio: "Gracias, gracias, gracias". (Cuando agradeces tres veces seguidas con amor la misma situación, Dios, el Universo y sus ángeles saben que tu agradecimiento es de corazón.)

Familiarízate con tus chakras

Ejercicio #1

» Siéntate en un lugar cómodo. Concéntrate en tu respiración. Siente el latido de tu corazón.

» Frota tus manos una contra otra. Luego, júntalas en forma cóncava frente a tu cuerpo.

» Guiándote por el dibujo de la página 35, pon tus manos en el chakra de la raíz y déjalas allí unos segundos, respirando suavemente y sintiendo su energía. Percibe si sientes calor o si hay cosquilleo.

» Repite el proceso chakra por chakra, hasta llegar a la coronilla.

» Registra tu experiencia en una hoja de papel, si lo deseas.

» Repite este ejercicio varias veces durante los días siguientes, hasta que tengas claro dónde se encuentra cada chakra.

Ejercicio #2

» Siéntate cómodamente. Concéntrate en tu respiración. Con los ojos cerrados, visualiza cada uno de tus chakras, con su color correspondiente.

» Mentalmente, dale brillo a cada color. Esto permitirá que te familiarices con tus chakras y puedas trabajar a la perfección con la energía de cada uno de ellos en tu cuerpo físico, mental y espiritual.

Meditación para alinear tus chakras

» Cierra tus ojos. Toma varias respiraciones profundas, inhalando luz blanca y exhalando tensiones.

» Siente que cada parte de tu cuerpo se derrite como mantequilla. Empieza por tu cabeza y ve descendiendo por tus hombros, brazos, pecho, abdomen, pelvis, piernas, rodillas, pantorrillas y pies. Lleva tu atención a cada parte del cuerpo y relájate.

» Imagina que estás frente al mar. Siente su sonido y visualízate caminando en la orilla y sintiendo el agua en tus pies.

» Visualiza que te encuentras frente a ese hermoso mar y que de tu espalda salen hermosas alas que te dan la facultad de volar. Imagina que vuelas sobre montañas hasta llegar a un hermoso arcoíris.

» Párate en el color rojo e inhala su luz, llevándola al chakra de la raíz. Siente que tu chakra se llena de color rojo. Inhala luz roja y exhala tensiones.

» Párate en el color naranja e inhala su luz, llevándola al chakra sexual. Siente que tu chakra se llena de color naranja. Inhala luz naranja y exhala tensiones.

» Párate en el color amarillo e inhala su luz, llevándola al chakra del plexo solar. Siente que tu chakra se llena de color amarillo. Inhala luz amarilla y exhala tensiones.

» Párate en el color azul e inhala su luz, llevándola al chakra de la garganta. Siente que tu chakra se llena de color azul. Inhala luz azul y exhala tensiones.

» Párate en el color verde e inhala su luz, llevándola al chakra del corazón. Siente que tu chakra se llena de color verde. Inhala luz verde y exhala tensiones.

» Párate en el color blanco e inhala su luz, llevándola al chakra del entrecejo. Siente que tu chakra se llena de color blanco. Inhala luz blanca y exhala tensiones.

» Párate en el color violeta e inhala su luz, llevándola al chakra de la coronilla. Siente que tu chakra se llena de color violeta. Inhala luz violeta y exhala tensiones.

» Visualiza que vuelas de nuevo, pasando por hermosas montañas, hasta llegar a la playa. Siente el agua en tus pies y camina sobre la arena tibia, concentrándote en tu respiración.

» Recorre tu cuerpo mentalmente desde tus pies, subiendo por tus piernas, pelvis, abdomen, pecho, cuello, brazos, cabeza y columna vertebral.

» Abre tus ojos. Inhala y exhala tres veces.

Meditación del perdón

No existe mejor medicina para el alma y para el cuerpo que el perdón. Perdonar o perdonarnos nos libera de sentimientos negativos que dañan nuestra vida. Es un regalo que nos hacemos a nosotros mismos. Los sentimientos de baja vibración que guardamos por circunstancias del pasado solo nos detienen y nos paralizan. Para introducirte en el mundo del reiki angelical, es necesario que te liberes de esas emociones que te pesan y te enferman física, mental y espiritualmente. Esta meditación te ayudará a hacerlo.

» Cierra tus ojos. Haz varias respiraciones profundas y pon tus manos en el corazón.

» Visualiza que el arcángel Rafael está a tu lado, acompañándote en este proceso de perdón.

» Inhala luz verde y siente que tu corazón se invade de esta luz. Exhala sentimientos de dolor.

» Inhala luz verde y siente que tu corazón se invade de luz. Exhala sentimientos de culpa.

» Inhala luz verde y siente que tu corazón se invade de luz. Exhala sentimientos de resentimiento.

» Continúa inhalando luz verde y exhalando cualquier sentimiento de dolor, culpa, vergüenza, depresión, rechazo, etc.

» Cuando termines de eliminar cargas, imagínate envuelto(a) en una espiral de luz verde que gira desde tu cabeza hasta tus pies.

» Permite que el arcángel Rafael limpie con esa espiral de luz verde tus cuerpos físico, mental y espiritual.

» Di desde el corazón: "Hoy perdono y me perdono por cualquier situación que en el pasado o presente hiciera daño a mi corazón. Invoco la luz morada de Zadquiel para que transmute mi dolor en alegría y agradezco a Rafael por abrir de nuevo mi corazón a la confianza. Así sea".

» Con las manos en tu corazón, di: "Gracias, gracias, gracias".

» Toma una hoja y anota tu experiencia, si lo deseas.

Antes de cada sesión

Realizar la autoterapia del reiki angelical es mucho más sencillo de lo que te imaginas. Realmente lo único que tienes que hacer para encender esta luz en tu vida y beneficiarte profundamente de esta terapia es tener la voluntad de encontrarte contigo mismo(a), pedir a los ángeles su intermediación y aceptar la presencia de estos seres de amor en tu vida. Sin embargo, existen algunas pautas que te sugiero tener en cuenta antes de cada sesión:

» Escoge un lugar en tu casa para la autoterapia. Embellécelo pensando en ti y en el trabajo que harás con tus ángeles. Si así lo quieres, puedes armar un altar, decorarlo, encender un incienso o poner flores. Asegúrate de que sea un espacio donde sientas tranquilidad.

» Familiarízate con los ejercicios prácticos, las meditaciones, los símbolos, sus cartas, los ángeles y la función que cumplen en cada una de las situaciones. Antes de empezar cada autoterapia, revisa el capítulo que se refiere a la circunstancia o situación que quieras sanar o cambiar.

» Invoca al arcángel Rafael y pídele desde el corazón que interceda en tu proceso de sanación.

» Invita a los seres angelicales correspondientes a la situación que quieras sanar.

» Asegúrate de usar la(s) carta(s) que corresponda(n) a la situación concreta que vas a trabajar.

» Entrégale a los ángeles el proceso de sanación y confía en que ellos te darán lo que más necesitas para tu bienestar y evolución.

CAPÍTULO III

Iniciación al camino del reiki angelical

A través de la siguiente iniciación, los arcángeles te entregan el poder para que tú te conviertas en tu propio(a) terapeuta de reiki angelical. Con la guía de estos seres de luz, el poder de tus manos y las cartas con símbolos que acompañan este libro, transformarás tu energía de formas maravillosas. Prepárate para recibir esta bella iniciación, abre el corazón y, desde ya, empieza a sanar todas las áreas de tu vida.

Meditación

Símbolo: Raku
Arcángel: Rafael, con ayuda de los demás arcángeles

» Siéntate cómodamente y relájate. Inhala luz blanca y exhala tensiones las veces que necesites. Concéntrate en el latido de tu corazón.
» Toma la carta Raku en tus manos y llévalas sobre tu corazón.
» Visualiza al arcángel Rafael poniendo sus manos sobre las tuyas y con amor pide a Dios, a la fuente divina,

al universo y a los ángeles que abran el canal de inicio para tu autoterapia. Di desde tu corazón: "Es mi intención de amor incondicional recibir la energía pura y vital del reiki angelical para sanarme a nivel físico, mental y espiritual. Deseo curar todos los aspectos de mi vida para mi bien y el de toda la humanidad. Que así sea".

» Alista la carta Raku.
» Visualiza al arcángel Rafael poniendo sus manos sobre tu cabeza, imponiendo el símbolo Raku. Visualiza este símbolo como un rayo de luz perfecto que entra con infinito amor por tu chakra de la coronilla atraviesa tu cuerpo e ilumina todos tus chakras hasta llegar al de la raíz. Siente la sensación de felicidad y amor.
» Inhala y exhala con tranquilidad durante unos minutos, disfrutando que estás recibiendo el símbolo de tu iniciación.
» Visualiza que estás rodeado por los siete arcángeles. Con su perfecta luz azul, el arcángel Miguel se acerca a ti y pone el símbolo Raku en cada una de tus manos.
» Agradece con tus propias palabras esta iniciación, la compañía de los arcángeles y el poder que desde hoy tienes para sanarte a ti mismo(a) a través del reiki angelical.
» Pon tus manos en forma cóncava en cada uno de tus chakras.
» Guarda tu carta con el símbolo Raku como un tesoro que te recuerde tu iniciación. Puedes ponerla en un cofre o en un sobre, pues no volverás a utilizarla.
» Si lo deseas, escribe la experiencia. Estoy segura de que siempre querrás recordarla.

Acabas de concluir tu primera terapia del reiki angelical. A partir de este instante tienes en tus manos el poder de crear el equilibrio perfecto en tu vida, recibir la abundancia que te pertenece y disolver los bloqueos a nivel físico, mental y espiritual. Siente el cambio en tu cuerpo físico, en tus emociones y en tu energía. Agradece.

SEGUNDA PARTE

Sanación, limpieza y programación del amor

CAPÍTULO I

Reiki angelical para amarte más

Así como nos sentimos, así mismo trasmitimos la emoción. Cuando estás esperando encontrar el amor de tu vida y sientes que el tiempo pasa sin lograrlo, puedes entrar en estados de desesperación y ansiedad, y olvidarte del amor propio. Estos estados generan energías negativas y hacen que reacciones de forma inadecuada, alejando aún más la posibilidad de encontrar esa pareja ideal que permanezca a tu lado y con quien seas feliz.

Para cambiar los estados de ansiedad y falta de autoestima, el remedio perfecto es amarte a ti mismo(a) con toda la intensidad, pues ¿cómo puedes ofrecer a otro lo que no tienes para ti? La falta de amor propio genera de forma inconsciente energía negativa, causa presión y evita que logres relacionarte.

Cuando logras amarte puedes vencer las actitudes negativas frente a la vida y sentir que mereces el amor y que estás listo(a), sin ansiedad alguna, para apreciar cada parte de ti, llenándote de confianza y proyectando seguridad, para ofrecer a otro(a) el amor en pareja.

Con el reiki angelical despiertas a la energía del amor, te conectas con tu ser interior y te reconoces como el ser único e irremplazable que gobierna su propio reino de amor y felicidad. Disfruta del ser mágico que eres y que merece amarse y recibir amor a plenitud.

EL CASO DE VALERIA

Cuando Valeria cumplió treinta y tres años, entró en una fuerte crisis de angustia, pues estaba soltera y veía que sus amigas y amigos se encontraban casados o con relaciones estables. Ella, soñadora, romántica y enamoradiza, se encontraba sola, totalmente dedicada a su trabajo, y sin darse cuenta se había vuelto negativa y muy ansiosa. Cada vez que aparecía un plan diferente al trabajo, buscaba la manera de no participar en él y, si lo hacía, iba en una actitud completamente negativa con la creencia de que así se protegía. Inclusive hacía comentarios desagradables y negativos con respecto a la vida en pareja.

En medio de esa situación, Valeria asistió a un taller de reiki angelical y en una autoterapia se dio cuenta de que el problema no era que no existiera una pareja para ella, sino que su actitud no le permitía atraerla. Trabajó varios días en amarse y aceptarse a sí misma, y aprendió que cuando se recupera el amor más importante —que es el que uno se tiene a sí mismo—, regresa la confianza y se acaba la ansiedad. Valeria empezó a sentirse amada, hermosa y positiva, y en este momento está abriendo la puerta al amor. Ya han aparecido personas muy interesadas en ella, pero ya no tiene ansiedad ni afán: ahora que sabe amarse a sí misma, sabe que puede darse el tiempo para escoger al verdadero amor de su vida.

TEST

1. ¿Sientes que no mereces amar y ser amado(a)?
2. Cuando asistes a reuniones sociales, ¿sientes miedo y ansiedad?
3. ¿Sientes tensión nerviosa la mayor parte del tiempo?
4. Cuando te imaginas en pareja, ¿sientes preocupación o la sensación de que algo malo va a pasar?
5. ¿Te sientes irritable y estresado(a)?
6. ¿Sientes dificultad para permanecer quieto(a) debido a la ansiedad?
7. ¿Continuamente repites la frase "Tengo miedo de estar solo(a)" o alguna parecida?
8. ¿Sientes que comes mucho para calmar los nervios?
9. ¿Continuamente te reprochas y te juzgas a ti mismo(a)?
10. ¿Estarías dispuesto(a) a aceptar a cualquiera por pareja con tal de no estar solo(a)?

Si respondiste "Sí" a más de tres de estas preguntas, todavía hay mucho espacio para sanar y para amarte más. Te invito a hacerlo con el siguiente ejercicio.

AUTOTERAPIA: ME AMO Y SOY AMABLE CONMIGO MISMO(A)

Ejercicio: Soy a quien más amo
Símbolo: Cho Ku Rei
Arcángel: Chamuel
Chakras que equilibras: Todos
Objetos que necesitarás: Hojas, lapicero, espejo

» En este ejercicio tienes que tener paciencia y amor, tratándote a ti mismo(a) como tratas a la persona que más amas. Aprenderás a poner tus pensamientos en positivo. Cuando reconoces tus cualidades, tu energía cambia y así logras cumplir con tus sueños y metas.

» Haz una lista de 10 cosas que te molestan de ti. Cuando termines, léela y rompe el papel mientras repites el siguiente decreto: "Reconozco que estos pensamientos negativos no me pertenecen. Invoco la presencia del arcángel Rafael para que sane mi autoestima".

» Haz una lista de 10 cualidades que reconozcas en ti. Cuando la tengas, léela en voz alta y elógiate por cada cualidad que escribiste. Di cosas amables y amorosas con respecto a cada cualidad, después date varios aplausos con energía.

» Toma el espejo y mirándote en él repite la lista de tus 10 cualidades. Cada vez que repitas una, te dirás: "Me amo y me acepto, soy amor perfecto".

» Ahora toma la lista de tus 10 cualidades y ponla sobre tu altar.

» Toma la carta con el símbolo Cho Ku Rei sobre tu corazón y repite 21 veces: "Reconozco en mí el amor perfecto, desde hoy confío".

» Termina el ejercicio repitiendo: "Arcángel Chamuel, despierta en mí el amor incondicional y divino para que permanezca siempre en mi vida. Desde hoy confío. Gracias, gracias, gracias". Puedes copiar esta afirmación y mantenerla en un sitio visible para leerla continuamente.

Meditación: Merezco el amor

Símbolo: Dai Ko Myo
Arcángel: Chamuel
Chakras que equilibras: Corazón, plexo solar, raíz
Objetos que necesitarás: Vela naranja

» Ve a tu sitio de meditación. Si lo deseas, pon música de fondo y toma tu carta Dai Ko Myo para conectarte con el amor divino.

» Toma una respiración profunda y al exhalar libera tensiones.

» Toma otra respiración profunda y al exhalar libera tus miedos.

» Toma otra respiración profunda y al exhalar libera angustia.

» Visualiza que estás a la orilla de un hermoso mar, el agua es cristalina, las olas rebotan en tus pies. Imagina que miras al cielo y ves una hermosa nube de color naranja que baja hasta ti. Súbete en ella.

» Visualiza que a la nube llega el arcángel Chamuel. Dale un dulce abrazo y un saludo amoroso, permite que te genere amor, paz y confianza.

» Siéntate frente a él, exprésale cuáles son tus cualidades y dile qué cualidades quieres que tenga la pareja que deseas. Háblale desde el corazón: él está ahí para ti.

» Termina dándole un amoroso abrazo y dile: "Gracias amado arcángel Chamuel. Soy amor, soy paz. Desde hoy confío".

» Visualízate de nuevo a la orilla del mar y ve haciéndote consciente de tu respiración.

» Cuenta hasta cinco y poco a poco abre los ojos. Cuando estés listo(a), agradece tres veces: "Gracias, gracias, gracias".

AFIRMACIÓN
"Desde hoy y para siempre me amo y me acepto
tal y como soy"*.

* Pon la carta Cho Ku Rei sobre tu corazón para potencializar esta afirmación y repítela 21 veces; de esta manera tu mente integrará su energía plenamente.

CAPÍTULO II

Reiki angelical para eliminar la brujería

Tal vez te pase que cuando tu vida sentimental se complica o llevas mucho tiempo solo(a), a la espera de que llegue la persona que sueñas, te preguntas: "¿Será que alguien me hizo brujería y por eso no me fluyen las cosas en el amor?". Este pensamiento es usual tras un rompimiento, una infidelidad, largos períodos de soledad o, en general, ante cualquier situación amorosa que genere un sufrimiento intenso. En momentos así es común que empieces a hacerte preguntas como estas: "¿Será que tengo algún maleficio para no encontrar el amor, para que mis relaciones sean un fracaso, para que siempre me encuentre con los mismos personajes negativos y dañinos, para que nadie se fije en mí?".

Hoy vengo a decirte que cuando eso ocurra es momento de parar y empezar a trabajar en ti para quitarle poder a esos pensamientos, anteponiendo pensamientos positivos, repitiendo decretos o mantras benéficos que reemplacen esas ideas dañinas y le den fin a la energía negativa que limita el amor. Lo grave no es si alguien te hizo o no algún hechizo, sino la energía negativa que tú permites que se apodere de ti cuando afirmas algo como: "¡Me hicieron brujería!".

Cuando lo haces, a través del pensamiento y la palabra, estás creando y reforzando ese mensaje negativo que llegó a tu intuición, y permites que, si en verdad hay alguien que te está trabajando con hechizos o brujerías, la mala intención tome fuerza a través de tu afirmación y tu miedo. Las palabras edifican o destruyen, el discurso unido al pensamiento crea. Y esto no solo lo digo yo por el conocimiento que me han entregado los ángeles a través de la meditación, sino que grandes maestros también lo expresaron:

> Porque de cierto os digo que cualquiera que dijere a este monte: Quítate y échate en el mar, y no dudare en su corazón, sino creyere que será hecho lo que dice, lo que diga le será hecho.
> —Jesucristo en Marcos 11:23

> Todos los estados encuentran su origen en la mente. La mente es su fundamento y son creaciones de la mente. Si uno habla o actúa con un pensamiento impuro, entonces el sufrimiento le sigue de la misma manera que la rueda sigue la pezuña del buey... 2. Todos los estados encuentran su origen en la mente. La mente es su fundamento y son creaciones de la mente. Si uno habla o actúa con un pensamiento puro, entonces la felicidad le sigue como una sombra que jamás lo abandona.
> —Buda en *El Dhammapada*

Por eso, aunque alguien intente perjudicarte con maleficios y actos en tu contra, fallará en su intento si tú no permites que la mala energía entre en ti, si no le das poder a los pensamientos negativos con tu palabra. Cuando estás pasando momentos difíciles, lo más fácil es buscar razones afuera, poner la responsabilidad en otro en vez de trabajar en ti y encontrar una manera de enfrentar una situación. Pero lo que ocurre cuando haces eso, cuando utilizas afirmaciones negativas, es que terminas dándole poder a lo dañino.

Quiero explicarte de forma clara y sencilla —como me lo han enseñado los ángeles— cómo funciona el universo con respecto a la brujería. Lo primero que debemos comprender es que Dios, la Energía Divina o la Fuente Divina, como quieras llamarle, nos dotó de inteligencia para afrontar los momentos difíciles y de poder para crear lo que soñamos: amor en pareja, buena salud, abundancia, momentos de gozo, felicidad. Adicionalmente nos entregó el libre albedrío, gracias al cual podemos ser quienes queramos, experimentarnos tan exitosos o tan fracasados como queramos. Tenemos el poder de elegir y de crear a través del pensamiento y la palabra.

Por esta razón, por más daño que otra persona quiera hacernos con brujería, magia negra o cualquier otro tipo de hechicería, JAMÁS tendrá poder si tú no se lo das. Los ángeles dicen que si eliminas los pensamientos relacionados con el supuesto mal que te han causado anteponiendo otros pensamientos positivos, y que si en vez de nombrar palabras como "brujería", "embrujo" o "hechizo", nombras a Miguel Arcángel, guerrero protector de tu campo espiritual, y dices los nombres de los sellos del reiki angelical, en ese instante le quitas poder a cualquier energía negativa.

Nadie puede interferir en tu libre albedrío. Dios, que es el poder supremo, te lo entregó para que lo utilices a tu antojo. Así, si permitiste que otros tomaran tu felicidad en sus manos, sin saber que tú mismo(a) estabas dando el permiso para que otros te hicieran daño, es momento de cambiar. Hoy los ángeles quieren que, con la poderosa técnica del reiki angelical, te liberes de todo el mal que consideres que otros te han causado y te hagas consciente del enorme poder que tienen la palabra y el pensamiento.

Con la ayuda del arcángel Miguel y los sellos del reiki angelical, quiero invitarte a que te limpies y te liberes del todo. Recuerda que esta técnica trabaja con la energía más sutil de tus campos físico, mental y espiritual, y permite que regrese a ti el éxito y la felicidad con respecto al amor.

El caso de Camila

Camila, una mujer de 35 años, exitosa en su profesión, llegó un día a mi consulta con los ojos bañados en lágrimas y diciendo que había sido víctima de algún hechizo o brujería. Le pregunté por qué creía eso, a lo que me contestó: "El matrimonio de mis padres se acabó porque él se fue a vivir con una mujer 20 años menor. Mi madre me ha dicho varias veces que esta mujer nos ha hecho brujería, no solo para quedarse con mi padre, sino también para que yo nunca tenga una relación amorosa. Y así es... Todos los hombres que se acercan a mi vida se van sin conocerme a fondo; ninguna relación me dura más de un mes. Sé que a mi madre y a mí esta mujer nos hace brujería".

Le expliqué que si ella y su madre no lo hubiesen permitido energéticamente, las acciones de esa mujer no las habrían tocado. Le conté acerca del libre albedrío, del poder del pensamiento y del poder de la palabra. Con gran sorpresa Camila abrió sus ojos empañados y, cuando lo entendió, le hice una terapia de reiki angelical que invoca la poderosa luz de Miguel Arcángel, para que Camila limpiara todo el daño que ella misma permitió y decretó a través de la palabra. Desde ese instante, su mente, su cuerpo y su espíritu quedaron completamente sanos y empoderados. Por el amor que genera esta técnica, entendió que solo nosotros tenemos el control sobre nuestro existir. Desde ese día jamás volvió a permitir que nadie llenara su vida de energías negativas, cambió su forma de pensar y hablar, hizo por varias semanas terapia de reiki angelical y practicó el ritual que comparto al final de este capítulo. Hace dos semanas, mientras escribía este libro, me llegó la invitación a su matrimonio.

TEST

1. ¿Alguna vez has dicho cosas como: "Es que nada me sale bien… Parezco embrujado(a)"?
2. ¿Piensas que el amor no te pertenecerá nunca porque alguien fuera así lo decretó por ti?
3. ¿Crees que hay personas dañinas, que te sienten envidia, rabia, celos, y que podrían acudir a la brujería para dañar tu vida sentimental?
4. ¿Alguna vez has dicho en voz alta que te hicieron brujería?
5. ¿Crees que te hicieron brujería para que no seas exitoso(a) en el amor?

Si respondiste "Sí" a al menos una de estas preguntas, debes limpiar tu energía. Te invito a limpiar la basura emocional, física y mental de tu vida y a darte cuenta de que nada puede hacerte daño si tú no lo permites.

MEDITACIÓN: MI ENERGÍA ES PERFECTA

Símbolo: Hon Sha Ze Sho Nen
Arcángel: Miguel
Chacras que equilibras: Todos
Objetos que necesitarás: Vela pequeña de color azul
Cuando te sientas agobiado(a) o angustiado(a) pensando que estás siendo acechado(a) por energías negativas, puedes volver a tu equilibrio rápidamente si haces la siguiente

meditación. Es muy poderosa, pues te limpia y te libera de cualquier tipo de energía negativa, así que te recomiendo leer las instrucciones varias veces y aprenderlas para poder meditar sin interrupción.

» Ve a tu sitio de meditación. Prende una vela azul en homenaje al arcángel Rafael y a la limpieza que él te proporcionará a nivel energético.

» Toma tu carta con el símbolo Hon Sha Ze Sho Nen para acceder al pasado, permanecer en el presente y acceder al futuro. Repite el símbolo 3 veces mientras tienes la carta en tus manos.

» Luego toma la carta con el símbolo Sei Hei Ki para sanar a nivel físico, mental, emocional y espiritual cualquier energía negativa, y ponla en tu corazón mientras haces tú limpieza energética.

» Respira profundo y lento tres veces, inhalando y exhalando con amor, pide a Miguel Arcángel que aleje de ti y desaparezca las energías oscuras que NO te pertenecen.

» Imagina un lugar sagrado, elige un sitio que te genere paz: un templo, una iglesia, un lindo paisaje, la orilla del mar… Este es "tu templo interior".

» Visualízate en tu templo interior e invoca la presencia del arcángel Miguel. Imagínalo en la forma de una espiral de luz azul y permite que esta espiral gire en torno a ti por unos minutos.

» Mientras dejas que la espiral azul te rodee, agradece desde tu corazón esta limpieza y repite cuantas veces desees la siguiente oración: "Hoy regresa a mí la felicidad, el gozo y la paz, reconozco en mí el poder del amor".

» Observa cómo la espiral se detiene y di tres veces: "Arcángel Miguel, en nombre de la Divinidad aparta de mí todo lo que no provenga del amor de Dios".

» Deja tu carta con el símbolo Sei He Ki junto a la vela que prendiste hasta que esta se consuma.

» Toma conciencia del presente y siéntete en perfecta armonía.

» Agradece tres veces: "Gracias, gracias, gracias".

AFIRMACIÓN

"Yo soy energía perfecta.
Yo soy la energía del amor universal"*.

---

*Pon la carta Cho Ku Rei sobre tu corazón para potencializar esta afirmación y repítela 21 veces; de esta manera tu mente integrará su energía plenamente.

CAPÍTULO III

Reiki angelical para soltar el fantasma de tus exparejas

Cuando recordamos nuestras exparejas, generalmente nos llegan emociones de tristeza, rencor, rabia o malestar. Pocas veces vienen sentimientos de gratitud, desapego o perdón. Pensamos: ¿Por qué perdonar a aquella persona que lastimó mi corazón, que me hizo derramar tantas lágrimas, que me hizo pasar noches en vela y que me causó dolor, rabia y resentimiento? Pues, aunque no lo creas, la respuesta es simple: el perdón es la fuente de agua fresca que te libera de todas esas emociones negativas que sientes.

Al perdonar o perdonarte te liberas de la persona que te ha lastimado y mejoras tu salud física y mental. Además, el perdón hace que el agresor no tenga más poder sobre tu vida, pues al mantener un estado de dolor y rabia solo logras vivir energéticamente al lado del verdugo, o convertirte en tu propio verdugo, impidiendo la oportunidad de empezar de nuevo o de volver a enamorarte.

Quiero invitarte a que de hoy en adelante comprendas que lo más importante para volver a empezar es perdonar y perdonarte, si así lo consideras. Recuerda que tú eres el (la) dueño(a) de tus sentimientos y tus pensamientos, y que te pertenecen solo a ti. Y no es necesario que lo hagas frente a esa persona. La técnica del reiki angelical te permite perdonar para eliminar todos esos pensamientos negativos y quitarle el poder a esa persona de controlar tus emociones. Así eliminas la ira, el estrés, el deseo de venganza y la tristeza. Cuando perdonas, regresan a ti el amor y la belleza interior, tu energía cambia y todo a tu alrededor es perfecto para ser de nuevo feliz. Y no solo lo digo yo. Por ejemplo, la madre Teresa de Calcuta habló del perdón para liberarse y encontrar la paz. Ella dijo: "El perdón es una decisión, no un sentimiento, porque cuando perdonamos no sentimos más la ofensa, no sentimos más rencor. Perdona, que perdonando tendrás en paz tu alma y la tendrá quien te ofendió".

En este capítulo trabajaremos el perdón como uno de los pasos más importantes para liberarte de ataduras energéticas a personas que ya no pertenecen a tu presente. Entenderás que el perdón trae la magia para que todo en tu vida brille. ¡Todo en tu vida estará lleno de valiosos milagros para ti!

EL CASO DE LAURA Y GABRIEL

Ante el dolor a causa de una relación siempre hay dos caminos: perdonar o cultivar el odio por el pasado. La historia de Laura y Gabriel es un ejemplo que muestra claramente la diferencia que hay entre seguir un sendero o el otro.

Laura y Gabriel se casaron completamente enamorados y tiempo después tuvieron a Florencia, una niña dulce, cariñosa y muy buena estudiante. Su relación de pareja era hermosa y parecía que su felicidad jamás tendría fin. Sin embargo, a los 9 años de matrimonio, a Laura le encontraron cáncer de útero, la operaron y aunque lograron extraer todo el cáncer, empezó a cambiar de manera negativa.

Se le metió en la cabeza que Gabriel la juzgaba porque no iba a poderle dar más hijos, pues siempre soñaban con tres, y poco a poco se fue desarrollando una cadena de tormento que derivó en celos incontrolables, desconfianza, peleas constantes, ofensas y críticas. Poco a poco se desgastaron el amor y la confianza. No se puso remedio en el momento y la relación se acabó. Gabriel, que durante la enfermedad había sido un gran apoyo, le pidió que se perdonaran y lo intentaran de nuevo, incluso después de grandes ofensas, pero Laura le decía que sentía tanta rabia en su corazón que no lo lograba, y terminaron divorciándose. A raíz de esta situación, Laura dejó su trabajo, se sumió en una fuerte depresión y se dedicó al sufrimiento. Se repetía constantemente cosas como: "Esto me va a matar, me va a dar cáncer otra vez y él va a tener que arrastrarse pidiéndome perdón mil veces más".

Pero esto no pasó. Por el contrario, él rehizo su vida sentimental y adicionalmente siguió siendo un buen padre. Laura seguía renegando. Peleaba con su hija y repetía la misma frase: "Me va a volver a dar cáncer". Sus amigos y su familia trataban de ayudarla a salir de la depresión, pero no había palabras ni argumentos que la convencieran de que odiar y lastimarse a sí misma no era la solución. Su agresividad se volvió extrema y, efectivamente, como ella lo vaticinó tantas veces, el cáncer regresó. Tuvo que entregar a su hija a Gabriel y a su nueva pareja, pues ya no podía cuidarla. Está en tratamiento nuevamente.

Gabriel, por su parte, decidió tomar la otra ruta. Cuando Laura le dijo que se fuera, que no lo soportaba, que lo había dejado de amar, sufrió durante unos meses, pero buscó ayuda espiritual. Con el reiki angelical, meditaciones y otras herramientas, perdonó, pidió perdón y volvió a empezar su vida amorosa.

En una misma pareja tengo los dos ejemplos perfectos de cómo construir o destruirse. Cómo habría sido de distinto todo para Laura si en vez de renegar por su situación hubiera agradecido haberse curado esa primera vez.

Te cuento esta historia para que entiendas que para volver a comenzar y levantarse de las caídas se necesitan dos cosas poderosas: amor y perdón. Pero quiero dejar claro que hablo del verdadero amor y del verdadero perdón que se alcanzan desde el fondo del corazón, para tu beneficio y el de los que te rodean, de ese amor y perdón que te otorgas a ti mismo(a) y hace que te sientas seguro(a) de ti, ese amor que no te juzga y ese perdón que te recuerda que la felicidad está en tus manos.

Test

1. Cuando recuerdas algún amor del pasado, ¿sientes rabia, rencor o resentimiento?
2. ¿Crees que siempre has sido la persona más lastimada en las relaciones pasadas?
3. Cada vez que recuerdas una pareja del pasado, ¿deseas que esté sola o infeliz?
4. Cuando alguien te pregunta por alguna de tus exparejas, ¿te refieres a ella de forma desagradable?
5. ¿Sueñas con que tus exparejas te pidan perdón para decirles que no las perdonarás?

Si respondiste "Sí" a más de tres de estas preguntas, aún hay asuntos por perdonar. Recuerda que perdonando sueltas las cadenas que te mantienen atado(a) a tu pasado y abres la puerta a un nuevo capítulo de tu vida emocional.

AUTOTERAPIA: NO CULTIVES EL ODIO

Símbolos: Hon Sha Ze Sho Nen
Arcángel: Rafael
Chakras que equilibras: Entrecejo, corazón y raíz
Objetos que necesitarás: Lapicero y libreta (te invito a que dispongas una libreta especial para esta autoterapia, en la que puedas escribir los resultados).

Nota: Guarda los apuntes de este ejercicio, pues los necesitarás para la meditación.

» Tómate unos instantes y piensa en qué tienes que perdonar y a quién. A continuación, en tu libreta especial escribe y describe la persona o la situación que quieras liberar.
» Interioriza unos minutos los sentimientos que te genera esta situación. ¿Qué sientes? ¿Rabia, venganza, dolor, ira? Escribe.
» Al lado de estos sentimientos califica de 1 a 10 qué tan intensos son, siendo 1 un sentimiento suave y casi imperceptible y 10 un sentimiento muy fuerte y poco manejable.
» Repasa la lista de tus sentimientos y vuelve a revisar qué quieres perdonar.
» Toma la carta Hon Sha Ze Sho Nen para acceder al pasado y soltar estos sentimientos. Ponla sobre tu corazón y repite: "Arcángel Rafael: Quiero deshacerme de estos sentimientos que llevo conmigo y empezar a ser feliz. Estoy preparado(a) para liberar cada sensación negativa de mi vida y permitirme ser feliz". Si deseas, para empezar a sanar puedes repetir esta frase con la carta en tu corazón cuantas veces lo desees.

MEDITACIÓN: LIBERO LAS CARGAS

Símbolos: Sei Hei Ki, Hon Sha Ze Sho Nen
Arcángel: Rafael
Chakras que equilibras: Todos
Objetos que necesitarás: Vela verde, apuntes del ejercicio anterior

Para la meditación usaremos el reiki angelical combinado con la magia del Ho'oponopono*. Estas dos técnicas juntas son una poderosa herramienta para sanar cualquier situación que todavía te cause dolor con respecto a tus amores del pasado.

» Ve a tu sitio de meditación, enciende la vela verde y, si deseas, pon música de fondo. Deja la lista del ejercicio anterior cerca de ti, pues la usarás cuando hayas terminado la meditación. Siéntate cómodamente.
» Toma tu carta con el símbolo Hon Sha Ze Sho Nen y ponla sobre tu corazón.
» Pide al arcángel Rafael que te permita acceder al pasado para liberar tu presente de cualquier dolor sentimental que te ate a tus exparejas.
» Deja la carta al lado de la vela verde y toma tu carta con el símbolo Sei Hei Ki. Ponla sobre tu corazón.
» Toma una respiración profunda y al exhalar bota tensiones. Toma una respiración profunda y al exhalar bota la angustia. Toma una respiración profunda y al exhalar bota tus miedos. Toma una respiración profunda y al exhalar bota todo tu dolor.
» Relaja tu cuerpo. Siente que se derrite como mantequilla.

---

*   El Ho'oponopono es un arte hawaiano muy antiguo de resolución de problemas basado en la reconciliación y el perdón.

» Visualiza un sitio hermoso cerca del mar donde caminas sobre arena tibia, dorada como el oro. Observa los árboles que se mecen con el viento y la belleza de las flores. Sigue por ese hermoso camino sintiendo la arena tibia en tus pies y el roce del viento en tu cara.

» Imagina una brillante y maravillosa luz verde que se acerca a ti. Esa luz te invade de paz, te genera tranquilidad. Es Rafael Arcángel. Visualízalo.

» Salúdalo y dale un fuerte abrazo. Siente la paz que te da. Míralo a los ojos y dile: "Quiero que me ayudes. Quiero que seas testigo del proceso de perdón que estoy llevando a cabo".

» Tómalo de la mano y, con él a tu lado, visualiza que en frente de ti aparece esa persona o esa situación que tanto te lastimó y que quieres sanar. Salúdala. Dile:

Hoy vengo a liberarme del dolor que nos ata.

Lo siento. Lo siento mucho por el dolor que me causaste, siento mucho las lágrimas que he derramado por ti.

Te perdono. Aunque mi sufrimiento duró mucho tiempo y fue muy fuerte, hoy decido perdonarte.

Gracias por este momento donde me libero del dolor. Gracias.

Te amo. Te amo porque este perdón es el acto de amor más fuerte que he realizado.

Lo siento. Siento mucho si en algún momento te herí.

Perdón por todos los pensamientos negativos, de rabia y dolor que he tenido contra ti. Perdóname.

Gracias porque hoy al perdonarte y perdonarme me libero.

Me amo y doy gracias por amarme a mí mismo(a).

» Ahora, abraza a esa persona o situación y visualiza cómo se aleja de ti en paz y tranquilidad.

» Visualiza a Rafael Arcángel, quien te acompaña en este proceso, y obsérvate rodeado(a) de una luz verde que te llena de amor y tranquilidad. Siente toda esa energía que restablece tu corazón.
» Agradece al arcángel Rafael: "Gracias, gracias, gracias".
» Empieza a tomar conciencia de tu respiración. Cuenta hasta tres y estarás en el aquí y el ahora. Abre tus ojos y siente que estás invadido(a) de luz y paz por haber perdonado de corazón.

Ahora, luego de este proceso de perdón te invito a que tomes de nuevo tu libreta especial y leas los sentimientos que escribiste antes de iniciar. Mira el número de intensidad que escribiste. ¿Siguen teniendo la misma intensidad? Si sientes que alguna de las sensaciones bajó, escribe en cuánto está. Puede que en la meditación no todas las emociones disminuyan en intensidad, pero de pronto en alguna bajó más que en otra. Por esto, durante 21 días debes repetir esta meditación para asegurarte de que, al final, todos los sentimientos y sensaciones que tienes guardados en tu corazón se hayan liberado. Poco a poco verás los resultados mágicos que tiene esta meditación y empezarán a manifestarse todo tipo de milagros en tu vida.

AFIRMACIÓN
"Yo soy libre. Yo soy liviano(a).
Yo soy esperanza y amor"*.

*Pon la carta Cho Ku Rei sobre tu corazón para potencializar esta afirmación y repítela 21 veces; de esta manera tu mente integrará su energía plenamente.

CAPÍTULO IV

Reiki angelical para aprender a escuchar la voz de tu corazón

Todos los seres humanos debemos tomar un sinfín de decisiones, grandes o pequeñas, que al final de cuentas terminan encaminando nuestras vidas. De cada elección que tomamos se desprenden varias posibles situaciones o consecuencias. Bajo el entendido de que cada acción termina teniendo una reacción, elige y asúmelas con respecto a tu relación, de forma que te encamines hacia la vida que quieres.

Muchas veces creemos que el sufrimiento que vivimos en nuestra vida afectiva es culpa de otros: culpa de un mal consejo, culpa de un entrometido, de comentarios externos... Rara vez miramos nuestros propios errores. No nos damos cuenta de que es tan culpable el que se entromete y quiere vivir nuestra vida como si le perteneciera, como nosotros, que lo permitimos.

Para lograr una vida emocional sana debemos elegir y determinar lo que queremos. En ocasiones somos débiles y en lugar de analizar si el consejo que nos dan resuena con lo que buscamos para nuestro beneficio, lo asumimos como cierto y permitimos así que otros tomen decisiones importantes por nosotros, según su criterio y su visión frente al tema.

Olvidamos que cada persona tiene necesidades y gustos distintos con respecto a las relaciones afectivas, y que lo que hace feliz a una persona no necesariamente hace feliz a otra.

Todos hemos oído alguna vez la frase: "Haz lo que te dicta el corazón". Sin embargo, en muchas ocasiones no la aplicamos, y resulta que esa es la clave para elegir y hacernos cargo de nuestra propia vida. Si tu corazón te dice que debes hacer algo, es porque tú lo deseas, no permitas que otros decidan si la persona con quien estás es buena o mala para ti, si te conviene o no, porque nadie más que tú sabe intuitivamente qué debe elegir. Así que empieza por tomar tus propias decisiones en cosas simples, hasta que este actuar se convierta en tu forma de vida.

Date gusto, come lo que te apetece, lee lo que te agrada, haz deporte si te gusta, mira tu película favorita, oye la música que te hace sentir emoción, y así sucesivamente. Empieza a conectarte con tu intuición y a tomar las decisiones en situaciones de la cotidianidad desde ahí, para que tomes confianza y empieces a tomar el control de tu propia vida. Con amor haz saber a las personas que están a tu lado que puedes compartir un consejo, pero que definitivamente desde hoy tu forma de vivir la vida en pareja y encontrar tu propia felicidad será escuchando la voz interior de tu corazón.

El caso de Elisa

Elisa es una hermosa joven de 25 años, inteligente, practicante de yoga y de la autoterapia del reiki angelical. Un día llegó muy emocionada a mi consultorio y me dijo: "Lo logré. Los ángeles me están ayudando a elegir lo que dicta mi corazón".

Llevábamos meses trabajando en este tema, pues decidir por sí misma era algo que le costaba mucho trabajo. Desde que estaba en el colegio, ella y todas sus compañeras solían tomar las decisiones en conjunto y se había acostumbrado a que fueran los otros quienes eligieran con respecto a sus relaciones. Hasta hace poco, me decía, le importaba más lo que los demás opinaran con respecto a su vida amorosa que lo que ella misma deseaba.

Le pregunté qué había ocurrido y me lo contó: ella estaba empezando una bonita relación con un joven, todo marchaba a las mil maravillas. Una noche de domingo, después de unas cortas vacaciones con su nuevo enamorado, Elisa recibió la visita de un amigo que le contó que aquel joven tenía una historia de infidelidades y que había tenido muchas relaciones tormentosas en el pasado. Le dijo que debía dar por terminada esa relación.

Elisa me confesó que en el pasado recibir esa información hubiera sido suficiente para huir de esa relación de inmediato, pero que esta vez con total tranquilidad le pidió a su amigo que le diera los argumentos para hacer tal afirmación. Él no había dicho mucho más, pero le había pedido que le creyera y que cortara la relación de inmediato.

Pero Elisa decidió hacer otra cosa, lo que sentía en su corazón que era lo correcto: hablar con su enamorado y enfrentar la situación. Tras oír su versión, decidió que construiría su propia historia, siguiendo la intuición que le decía que su relación tenía mucho potencial.

Con el tiempo Elisa se dio cuenta de que todo había sido un comentario mal intencionado de una exnovia del chico, y ya lleva meses en una maravillosa y perfecta relación con un hombre que ha demostrado ser fiel y estar entregado a ella. Incluso tienen planes de casarse. Si Elisa no hubiera aprendido a escuchar la voz de su corazón, otra habría sido la historia.

TEST

1. ¿A menudo necesitas que tus decisiones e intuiciones sean aprobadas por los demás?
2. ¿Esperas a oír primero la opinión de los demás para forjar tu propia opinión?
3. ¿Sigues los consejos de terceros, incluso si lo que dicen no resuena en ti?
4. ¿Sientes que tienes que compartir con los demás cada decisión que estás a punto de tomar?
5. ¿Sientes malestar o incomodidad cuando otros desaprueban tus decisiones?

EJERCICIO: CREO MI PROPIA HISTORIA

Símbolo: Cho Ku Rei
Arcángel: Jofiel
Chakra que equilibras: Plexo solar
Objetos que necesitarás: Vela amarilla, lápiz

Este es uno de mis ejercicios preferidos pues me ha ayudado a entender que soy la única responsable de mis acciones. Desde hace varios años me he encargado de entregarle este ejercicio a mis familiares y amigos con el fin de que entiendan lo necesario que es pensar antes de actuar. Poco a poco se ha convertido en un juego diario que indiscutiblemente ha cambiado no solo mi vida, sino la de muchas personas.

Con este ejercicio activarás la capacidad de ver el lado positivo de cada una de las decisiones que has tomado y que tomarás, de tal modo que todo lo que pase en tu vida de ahora en adelante sea lo mejor.

» Escoge una situación relacionada con el amor sobre la cual tengas que tomar una decisión.

» Piensa en la decisión que crees que es la correcta, escríbela en un papel y pregúntate: ¿De qué maneras me beneficiaría esta decisión? Anota cinco ideas.

» Si encuentras los argumentos necesarios y convincentes para tomar esa decisión, no dudes en accionarla y pasa al siguiente punto. Si por el contrario te cuesta encontrar razones o tienes dudas, piensa de nuevo en lo que quieres hacer y repite el ejercicio hasta que encuentres la decisión que te traerá mayor bienestar. Recuerda: tú eres quien tiene el poder de elegir.

» Cuando hayas encontrado la mejor decisión para ti y tengas las cinco razones escritas, pon tu carta con el símbolo Cho Ku Rei sobre el papel, para potencializar tu elección.

» Prende al lado una velita amarilla y repite el siguiente decreto con tu mano derecha sobre el símbolo: "Arcángel Jofiel, invádeme de tu sabiduría divina y suprema para despertar mi inspiración y el deseo de cumplir mi elección. Gracias, gracias, gracias".

» Deja la carta con el símbolo sobre tus elecciones por lo menos hasta que recibas uno de los cinco beneficios que expresaste.

Desde hoy, cada vez que tengas que tomar una decisión importante, piensa en cinco razones positivas por las que esa elección es buena para ti. Igualmente, si en algún momento sientes remordimiento por algo que ya hiciste y no te sientes completamente feliz de haber tomado una elección, te invito a que busques esas cinco razones buenas y positivas por las cuales esa acción pudo haber sido una buena medida para tu vida en su momento.

AUTOTERAPIA: MIS ELECCIONES SON PERFECTAS

Símbolo: Cho Ku Rei
Arcángel: Jofiel
Chakras que equilibras: Plexo solar
Objetos que necesitarás: Hoja del ejercicio de la página xxx

» Ve a tu sitio de meditación, pon música de fondo si lo deseas y siéntate cómodamente. Deja la lista del ejercicio de la página 74 a un lado, pues la usarás cuando hayas terminado la meditación.

» Toma tu carta con el símbolo Cho Ku Rei y ponla sobre tu corazón.

» Pide al arcángel Jofiel que te permita adquirir sabiduría divina para tener la capacidad de cumplir tus elecciones.

» Toma una respiración profunda y exhala tensiones. Toma una respiración profunda y exhala angustia. Toma una respiración profunda y exhala tus miedos.

» Relaja tu cuerpo como si fuera de mantequilla.

» Cuenta regresivamente del tres al uno. Cuando llegues al número uno, vas a entrar en un estado más y más profundo. Cada vez estás más relajado(a).

» Visualiza un sitio hermoso cerca del mar, donde caminas sobre arena tibia y dorada como el oro. Los árboles se mecen con el viento y ves hermosas flores. Siente que el viento roza tu cara y todo tu cuerpo. Siente la infinita paz.

» Imagina que caminas por un hermoso sendero y que una brillante y maravillosa luz amarilla se acerca a ti. Esa luz te invade de paz, te genera tranquilidad.

» Visualiza que esa luz se convierte en el arcángel Jofiel. Sientes calma y seguridad. Salúdalo y dale un fuerte abrazo.

» Míralo a los ojos y dile cuál es la elección que tomaste (ve a la hoja que escribiste en el ejercicio de la página 74).

» Pídele que te acompañe en este proceso de ejecutar tu elección y visualízate rodeado(a) de una luz amarilla que te llena de amor y tranquilidad. Siente como toda esa energía restablece tu corazón.

» Agradece a Jofiel Arcángel. Dale un fuerte abrazo y despídete.

» Camina nuevamente por la arena tibia y siente la tranquilidad que has obtenido.

» Empieza a tomar conciencia de tu cuerpo y tu respiración.

» Cuenta hasta tres y estarás en el aquí y el ahora.

» Abre tus ojos y siente cómo estás invadido(a) de luz y paz.

» Toma la hoja del ejercicio de la página 74 y lee en voz alta las razones por las que esa decisión es buena para ti.

» Decreta: "Yo elijo lo que es mejor para mí. Mis elecciones son perfectas".

» Agradece: "Gracias, gracias, gracias".

AFIRMACIÓN

"Mis elecciones son perfectas.
Yo soy mi perfecta elección"*.

---

*Pon la carta Cho Ku Rei sobre tu corazón para potencializar esta afirmación y repítela 21 veces; de esta manera tu mente integrará su energía plenamente.

CAPÍTULO V

Reiki angelical
para vencer el miedo al amor

¿Sabías que el miedo es uno de los obstáculos más poderosos, peligrosos y paralizantes que existen? Cuando sentimos miedo nos convertimos en personas inútiles, nos alejamos de nuestros objetivos y no podemos pensar asertivamente en las soluciones a las situaciones que se nos presentan.

Es cierto que el miedo es una reacción natural de nuestro cuerpo que nos previene del peligro. Cada vez que sentimos que podemos estar en riesgo, nuestro cuerpo, nuestros instintos reaccionan: se nos acelera el corazón, las pupilas se nos dilatan, las manos empiezan a sudarnos y nuestro cuerpo se paraliza. Es una reacción de nuestro instinto de conservación. Y eso está bien, pues efectivamente necesitamos ese tipo de alerta para garantizar nuestra supervivencia. Lo complicado es cuando permanecemos en ese estado mucho tiempo o nos permitimos sentir miedo ante peligros que no existen.

Seguramente pensarás: ¿Y de qué miedos me estará hablando si yo no le temo a nada? Sin embargo, te aseguro que cuando realmente entiendas lo que significa vencer el miedo, te darás cuenta de que todos los seres humanos le tememos a algo en especial, pero pocas veces nos damos cuenta de a qué.

Con el reiki angelical descubrirás e interiorizarás cuáles son tus miedos, para poder transformarlos y liberarte de ellos. Así adquirirás un poder maravilloso para cambiar tu vida por completo y atraer todo lo que desees a nivel sentimental y en todos los aspectos de tu vida.

Para comenzar quiero que te acuerdes de cuando eras niño(a) y le temías a la oscuridad o a los fantasmas imaginarios que supuestamente se escondían debajo de tu cama. Recuerda cada vez que preferiste dormir con tus padres o con un adulto para no sentir el temor de estar solo(a) con todos los monstruos que habitaban tu cuarto. ¿Lo recuerdas? El abrazo de tu madre, de tu padre, de un hermano o abuelo te daba de nuevo la tranquilidad que necesitabas para destruir esos miedos imaginarios que no hacían otra cosa que interrumpir tu tranquilidad. A medida que fuiste creciendo, la oscuridad ya no te atemorizaba en las noches y estar solo(a) en tu hogar no generaba temor alguno, y fuiste descubriendo que todos esos fantasmas no eran más que productos de tu imaginación.

Ahora que eres mayor, que los años han pasado y que sabes que debajo de tu cama no hay monstruos, ¿te has tomado el tiempo de pensar en cuáles son tus mayores miedos?

Quizás estés leyendo este libro porque estás pasando por una ruptura a nivel sentimental o porque sientes que las relaciones no son lo más fácil para ti. Tal vez sea porque quieras mejorar con respecto al amor en pareja... Sea cual sea tu caso, quiero que empieces por preguntarte a qué le temes. Una vez tengas eso claro, podrás transformar tus miedos y abrirle campo al amor.

El caso de Isabel

Hoy quiero compartir la historia de una gran amiga que llamaré Isabel. Su vida era como la de cualquier niña común y corriente. Vivía con sus padres, era la hija única de un matrimonio de casi quince años y soñaba con conocer al príncipe azul de los cuentos de hadas y tener la familia perfecta.

Pero el color rosa con el que se había imaginado todo se desvaneció cuando sus padres decidieron acabar su matrimonio por la infidelidad de su madre. La familia ejemplar y de sueños en la que vivía Isabel quedó reducida a un montón de papeles de divorcio, abogados y peleas que dejaban un sinsabor y la alejaban de lo que había sido una vez una familia feliz.

Isabel vivió su adolescencia junto a su padre, pues su madre salió del país para rehacer su vida con el otro hombre. Aunque su padre la amaba incondicionalmente y era un hombre amoroso, estaba herido y dolido por la traición y el desamor, e incluso había jurado no volver a enamorarse por temor a salir herido de nuevo. Así, sin darse cuenta y sin quererlo, le transmitió a Isabel la creencia de que el amor no era otra cosa más que sufrimiento.

Isabel creció y se hizo una mujer muy atractiva. No solo era bella, sino inteligente e interesante, y tenía muchos pretendientes. Pero su falta de fe en el amor no le permitía ser feliz en las relaciones. Se quedó junto a su padre, cuidándolo y brindándole todo el apoyo que necesitaba durante muchos años, escuchando las mismas palabras de dolor sobre su tragedia y su derrota en su matrimonio y en el amor. Sus días eran siempre iguales y cuando se dio cuenta ya tenía más de treinta años y seguía soltera, junto a su padre, quien con los años se había vuelto amargado y trabajaba sin parar para mantener la cabeza ocupada. La vida de Isabel se había pasado en un abrir y cerrar de ojos, y sin darse cuenta su padre se había convertido en el centro de su vida. No había tenido la experiencia de un noviazgo de niña o de vivir un romance fugaz; no experimentó una historia de cama y mucho menos la tristeza de un desamor. Su temor a las relaciones la alejó por completo de la vida amorosa y —aún peor— su padre le reforzó sus miedos al repetirle todos los días las razones por las cuales el amor no era para ella.

Su responsabilidad con el cuidado de su padre y la experiencia de su familia fallida cambiaron el rumbo de su vida. Su padre, su héroe, su ejemplo y su mayor fortaleza comenzó a exigirle más tiempo a Isabel, quien trataba de escapar de su vida solitaria y fría con algunos amigos o asuntos de trabajo. Si organizaba un viaje o un paseo siempre llevaba a su único compañero de vida: su padre. Entre enfermedades inventadas y pataletas de niño chiquito, este hombre no hizo cosa distinta a acaparar a su hija por miedo a que hiciera una vida aparte.

Veinte años más tarde, a sus cincuenta, Isabel tuvo que viajar al exterior por temas laborales. Era un viaje de quince días en donde dejaría a su padre solo y en el que ella podría tener un respiro de su monótona vida. Madrid la esperaba, pero lo que ella no sabía era que allá mismo iba a poder encontrar lo que tanto le hacía falta y tanto extrañaba: el amor. Al segundo día de estar en España, en una reunión de trabajo, conoció a un hombre divorciado que de inmediato la impresionó. Pasaron juntos trece días en los que ella se sintió feliz, libre, tranquila… ¡Viva! El amor había tocado a su puerta, a los cincuenta años, a pesar de nunca haber creído en él. Durante más de un año mantuvo una relación a distancia. Él la visitaba constantemente y a pesar de la distancia la relación era cada vez más fuerte. Isabel estaba feliz por primera vez.

Entonces llegó el día en que su enamorado le propuso irse a vivir con él a España, en donde tendrían la tranquilidad y la estabilidad de una familia. Ella, que había decretado toda la vida que la felicidad no era para ella, se vio invadida por el miedo de dejar solo a su padre, por el miedo a la traición. Las palabras de su padre no la dejaron dar el paso inicial y su miedo a sufrir la obligó a olvidarse por completo de su sueño de amor. Se llenó de miedos y dudas, de temores que solo estaban en su cabeza pero que le impidieron salir corriendo a los brazos del amor.

Su relación con el hombre español terminó. Después de todo, pensó ella, su destino era estar con su padre hasta el día que Dios quisiera, lejos del amor en pareja, de la posibilidad de amar y ser amada, de abandonar sus temores, sus miedos y esos prejuicios de su padre que solo le dejaron el sinsabor de la soledad y las ganas de haber experimentado algo más en su vida.

Te cuento está historia para que te des cuenta de cómo los miedos pueden dominarnos si los dejamos crecer y de cómo pueden alejarnos de nuestros sueños. Vencer el miedo significa darte la oportunidad de crecer, de vivir tus propias experiencias, de quitarte tantos fantasmas que habitan en la mente y que muchas veces no nos dejan dar un paso adelante. No podemos paralizarnos, no podemos permitir que la vida nos pase por el lado sin darnos cuenta, sin tomar las riendas con nuestras propias manos, incluso si eso significa caernos y levantarnos cuantas veces sea necesario. No permitas que te pase como a Isabel, no dejes que el temor tome las decisiones por ti. Quítate la venda, date cuenta de que tú tienes el derecho de construir un camino de pasión y optimismo. y de vivir la relación con la que sueñas.

TEST ~~~~~~

1. ¿Crees que el amor es para otros y no para ti?
2. ¿Tienes la idea de que el amor es sufrimiento?
3. ¿Crees que es imposible encontrar a alguien honesto y comprometido con una relación?
4. ¿Le temes a quedarte solo(a) o a no encontrar la persona indicada para ti?
5. ¿Siempre desconfías de los demás y crees que tarde o temprano te lastimarán?

Si respondiste "Sí" a más de una de estas preguntas, ¡los siguientes ejercicios son para ti!

EJERCICIO: IDENTIFICO MI MIEDO

Símbolo: Sei Hei Ki
Arcángel: Miguel
Chakras que equilibras: Raíz, plexo solar, entrecejo
Objetos que necesitarás: Libreta de apuntes, lapicero negro, lapicero azul

Lo primordial es reconocer y aceptar con absoluta honestidad lo que está pasando por tu mente y por tu corazón en este momento, pues al fin y al cabo eres tú mismo(a) quien debe trabajar por sanar cada uno de los temores que te rodean a nivel sentimental. Con este ejercicio, tómate algunos minutos para empezar a descifrar qué temores bloquean tu camino a nivel sentimental. Recuerda que debes ser completamente honesto(a) y sincero(a), nadie te va a refutar, a ofender o a criticar. Esto es un regalo para ti y para que puedas empezar un nuevo rumbo emocional alejado de tus miedos.

» Toma tu libreta de apuntes y pregúntate: ¿Qué sentimientos negativos me asaltan cuando estoy o me imagino en una relación? Con el lapicero negro, escribe en forma de listado todas las palabras que se te vengan a la mente. Puede ser "soledad", "desconfianza", "rechazo", "intranquilidad"…

» Al frente de cada sentimiento puedes escribir desde cuándo lo sientes o por qué crees que lo sientes. Por ejemplo, si escribiste "sufrimiento", puede ser porque tu relación pasada fue muy tormentosa y crees que en todas las relaciones vas a vivir lo mismo.

» Cuando tengas tu lista terminada, pídele al arcángel Miguel que te dé valor y fuerza para perder el miedo y que te brinde protección. Con el lapicero azul, escribe la siguiente oración encima de toda la lista: "Arcángel Miguel, aleja de mí los sentimientos de miedo y ansiedad. Yo soy la perfecta creación de Dios, a tu lado no temo, simplemente confío".

» Toma tu carta con el símbolo Sei Hei Ki, ponla sobre tu corazón, cierra los ojos y repite de memoria la oración. Puedes hacer esto cada vez que te invada el miedo.

Este ejercicio te ayuda a reprogramar tu mente y tu corazón, pues te recuerda que no puedes dejarte dominar por los sentimientos que te producen miedo y que te quitan la posibilidad de tener una relación feliz y en paz. Si tienes miedo, lo más importante es reconocerlo y entender que tienes la capacidad de alejarlo de tu vida. Por este motivo, cada vez que sientas que algo no te genera tranquilidad o vuelven a ti los sentimientos negativos, puedes enfrentarlos y alejarlos con este ejercicio.

AUTOTERAPIA: YO SOY, YO PUEDO

Símbolo: Cho Ku Rei
Arcángel: Miguel
Chakras que equilibras: Todos
Objetos que necesitarás: Espejo

» Cuando despiertes en la mañana, párate frente al espejo por un par de minutos.
» Mírate fijamente a los ojos y examina cada detalle de tu cara: tus ojos, tus cejas, tu nariz, tu boca... todo tu cuerpo. Agradece cada parte repitiendo la siguiente frase: "Agradezco cada parte de mi cuerpo, agradezco quien soy".
» Ahora ve a tu sitio de meditación, toma tu carta Cho Ku Rei y, poniéndola sobre tu corazón, repite 21 veces: "Arcángel Miguel, lléname de tu poderosa luz azul, yo soy amor".
» Agradece: "Gracias, gracias, gracias".

Reconocer que eres único(a) e irrepetible y llenarte de confianza en ti te permitirá entender que tienes el poder sobre ti mismo(a) para vencer el miedo y elegir lo mejor para la vida de ese ser excepcional que se mira en el espejo.

MEDITACIÓN: EL MIEDO NO EXISTE EN MÍ

Símbolo: Sei Hei Ki
Arcángeles: Rafael, Miguel
Chakras que equilibras: Corazón, plexo solar, raíz

» Siéntate cómodamente con tu carta Sei Hei Ki puesta sobre tu corazón. Toma tres respiraciones profundas y exhala tus miedos. Siente que tu cuerpo se derrite como si fuera de mantequilla.

» Visualízate al frente de un inmenso mar, con tus pies descalzos en la orilla, y experimenta que sientes que las olas te mojan. Imagina que caminas por la orilla durante un rato y que dos luces muy brillantes, una de color verde y la otra azul, vienen hacia ti. Cuando se acerquen, observa a tu lado a los arcángeles Rafael y Miguel y agradece que estén a tu lado. Visualízalos contigo frente al mar.

» Imagina que de tu espalda salen hermosas alas y empieza a volar junto con los ángeles; siente el viento, vuela sobre el mar, cruza montañas, atraviesa un lindo arcoíris, juega con las nubes, vuela libre como el viento y experimenta la liviandad y la seguridad con que lo haces.

» Ve tomando nuevamente conciencia de tu respiración, cuenta hasta diez y agradece a los amorosos arcángeles su ayuda para vencer tus miedos y sentir la libertad que experimentaste.

» Agradece: "Gracias, gracias, gracias".

AFIRMACIÓN

"Yo soy seguridad. Yo soy serenidad.
Yo soy la perfecta creación de Dios"*.

*Pon la carta Cho Ku Rei sobre tu corazón para potencializar esta afirmación y repítela 21 veces; de esta manera tu mente integrará su energía plenamente.

CAPÍTULO VI

REIKI ANGELICAL PARA CAMBIAR LA RUTINA

*Coge una actividad cualquiera, cualquier arte, cualquier
disciplina o cualquier habilidad. Cógela y llévala al límite, llévala
más allá de lo que has ido nunca. Experiméntala al máximo,
y entonces la introducirás en el reino de la magia.*

—TOM ROBBINS

Con frecuencia nos metemos en la cabeza que debemos
conformarnos con lo que hacemos todos los días, nos
haga felices o no. La monotonía nos mantiene en un estado
tan plano y "cómodo" que creemos que simplemente nos
tenemos que conformar. Y así nos permitimos que pase el
tiempo sin poner remedio a situaciones que nos mantienen
estancados.

Por un lado, si tienes una pareja y sientes que la rutina está afectando tu vida amorosa, es necesario empezar a
nutrir tu relación. Por el otro, si estás buscando una pareja
y estás sumido en la rutina, es hora de que empieces a hacer cambios. Algunas veces dejamos que la comodidad de
nuestras vidas no nos permita tomar riesgos y generar acciones para nuestro bienestar. Muchas personas dejan de hacer

cosas en sus vidas porque sienten que no pueden arriesgar lo que tienen y les da miedo perder su estabilidad, aunque esta en realidad no las haga felices.

Lo mejor para cambiar nuestros hábitos y vencer la rutina es planificar cada meta, cada objetivo y cada sueño, para volverlo realidad. La pregunta que tenemos que hacernos es: ¿Qué quiero realmente en mi vida?

Si, por ejemplo, siempre has pensado en hacer un viaje largo y explorar el mundo, pero no lo has hecho por miedo a perder el trabajo que tienes o a alejarte de tu familia o sencillamente —y como generalmente pasa— por miedo a dar el primer paso, te invito a que estructures un plan para llegar a lo que quieres. Ponte metas, piensa en fechas, en los lugares que quieres conocer, traza un mapa con los recorridos, empieza a ahorrar, averigua hoteles y comienza a organizar tu viaje como siempre lo soñaste. Verás que al planificar das el primer paso y será más fácil lograr el objetivo. Así mismo te aconsejo que lo hagas con tu vida sentimental: planifica, da el salto y vence así la rutina.

EL CASO DE ELOÍSA

Eloísa, una mujer de 32 años, llegó a mi consultorio quejándose de su vida amorosa. Me expresó que creía que ya no era atractiva para nadie, que quería encontrar pareja, pero que sentía que eso sería muy difícil, pues su vida era completamente rutinaria: iba del trabajo a la casa, no le nacía cambiar hábitos y tampoco le interesaba ningún plan. Todo le daba pereza, pero tenía mucho miedo de quedarse sola, pues su sueño era construir una familia.

Le practiqué la terapia de reiki angelical y el mensaje de los ángeles nos llegó al mismo tiempo y fue muy claro: "No estás haciendo nada por ti misma. Eres tú quien debe actuar". Ella, muy sorprendida y con cierto temor, me expresó que no sabía por dónde empezar. Yo le respondí: "Primero debes cambiar tu pensamiento con respecto a ti misma, aceptarte tal y como eres y no compararte. Recuerda que si sigues actuando como lo has hecho hasta hoy obtendrás los mismos resultados que has obtenido hasta hoy. Pero si cambias tu rutina y actúas de manera diferente obtendrás algo nuevo que te sorprenderá".

En ese instante Eloísa recapacitó y me dijo: "Es cierto que no hago nada por mí, solo me quejo". Me encantó su sinceridad y la forma de reconocerlo. Le recomendé hacer los ejercicios que comparto en este capítulo y hoy Eloísa está en una relación, se siente feliz y cada vez que siente que está cayendo en la rutina, practica su autoterapia. Así mantiene la negatividad alejada de su vida.

TEST

1. ¿Sientes que tu vida es aburrida, pero prefieres conformarte a salirte de tu zona de confort?
2. ¿Le tienes miedo al cambio?
3. ¿Te da pereza hacer planes distintos y proponerte metas diferentes a las que has tenido?
4. ¿Piensas que es normal sentirte aburrido(a) en tus relaciones?
5. ¿Has dejado de hacer cosas por miedo a fracasar?

Si respondiste "Sí" a alguna de estas preguntas, los siguientes ejercicios son para ti. ¡Anímate a salir de la rutina y descubre el universo que aguarda por ti!

Ejercicio: Elimino la monotonía

Símbolo: Cho Ku Rei
Arcángel: Jofiel
Chakras que equilibras: Plexo solar, raíz
Objetos que necesitarás: Lapicero

Paso 1
Si tienes miedo a estar solo(a), si no encuentras la pareja ideal, si sientes que la rutina y la pereza te están consumiendo aun estando en pareja y te preguntas mil veces cómo puedes cambiar tu rutina, te invito a que con estas pequeñas prácticas empieces a generar cambios en tu vida y aprendas a diferenciar el miedo al cambio del miedo al peligro. Aquí te doy un ejercicio para varias personalidades o situaciones.
   Si...

» ...sientes miedo al rechazo, saluda con una gran sonrisa a todas las personas que veas, conocidas o no. Sonreír aumenta la seguridad en ti mismo(a).

» ...eres tímido(a), hazle un cumplido a tres personas que te causen temor o te intimiden.

» ...te da pereza cambiar tu rutina, oblígate a hacer un deporte que jamás hubieras intentado antes.

» ...has abandonado tu aspecto físico, haz cambios de apariencia significativos. Por ejemplo, si siempre te vistes de negro porque ese color te da la seguridad, ¿qué tal cambiar al rojo? Córtate el pelo de otra manera, péinate diferente, viste alguna prenda que no hubieras usado antes...

» ...te cuesta buscar un plan que te agrade, haz una lista de las cosas que te gustaría hacer, por ejemplo, pintar, bailar, ir al cine, hacer caminatas ecológicas, buscar un grupo de lectura, investigar temas que te apasionan, ser más sociable, etcétera. Oblígate por lo menos a hacer un plan diferente cada día.

» ...sientes que la rutina dentro de tu relación te está consumiendo, invita a tu pareja a planes donde sonrían más, recuerden y canten sus canciones preferidas a los cuatro vientos. Pueden hacer ejercicio juntos, salir con amigos que no ven hace rato o frecuentar lugares a los que nunca antes hubieran ido.

» ...sientes que los demás no te admiran, empieza por admirar las cualidades que tienen las personas a tu alrededor. Cuando lanzas un cumplido, te sientes maravillosamente y te conectas con tu energía positiva.

» ...piensas de forma negativa la mayor parte del tiempo cambia los hábitos que sostienen ese patrón de pensamiento. Por ejemplo, deja de escuchar canciones depresivas, de compararte con los demás y de quejarte.

» ...sientes que pocas cosas te entusiasman, sorprende a alguien con un detalle especial. Al utilizar tu pensamiento en la planificación de ese detalle, lograrás poner tu mente en positivo disfrutando y contagiándote del disfrute que tendrá la persona a quien sorprenderás.

» ...te sientes aburrido(a), oblígate a repetir 21 veces al día la siguiente frase: "Yo soy alegría, mi sentido del humor es maravilloso". Haz este ejercicio mirándote en un espejo y verás cómo cambia tu humor. Es posible que termines riendo a carcajadas.

Paso 2

• En el siguiente listado, y durante 21 noches, escribe una meta que hayas cumplido durante el día.

• Pon la carta Cho Ku Rei sobre el listado para abrir las posibilidades de cambio y potencializar tu energía.

- Con tu mano sobre la carta, di: "Arcángel Jofiel, gracias por tu intermediación, que cada día despierte la inspiración y la creatividad en mí para salir de la rutina y vivir todos los días de mi vida con pasión y entusiasmo".

Día 1 _____

Día 2 _____

Día 3 _____

Día 4 _____

Día 5 _____

Día 6 _____

Día 7 _____

Día 8 _____

Día 9 _____

Día 10 _____

Día 11 _____

Día 12 _____

Día 13 _____

Día 14 _____

Día 15 _____

Día 16 _____

Día 17 _____

Día 18 _____

Día 19 _____

Día 20 _____

Día 21 _____

Meditación: Me abro a nuevas oportunidades

Símbolo: Cho Ku Rei
Arcángel: Gabriel
Chakras que equilibras: Garganta, plexo solar, raíz.

» Ve a tu sitio de meditación. Si lo deseas, pon música de fondo. Toma tu carta Cho Ku Rei para potencializar tu intención.

» Toma una respiración profunda y al exhalar libera tensiones. Toma una respiración profunda y al exhalar libera tus miedos. Toma una respiración profunda y al exhalar libera angustias.

» Visualiza que estás a la orilla de un hermoso río de agua cristalina y una suave corriente.

» Imagina que flotas en ese río y que la corriente te lleva sin que tu hagas ningún esfuerzo, hasta llegar a una hermosa cascada rodeada de arbustos y flores de distintos colores.

» Visualiza que te paras debajo de esa cascada y simplemente permites que el agua corra.

» Visualiza que llega ahí el arcángel Gabriel. Salúdalo y siente la paz que te genera. Ten una conversación personal y exprésale cuáles son las nuevas rutinas que quieres adquirir para cumplir tu propósito. Siente que él te levanta en sus brazos y feliz y seguro(a) de ti mismo(a) vuelves a la orilla de este hermoso río.

» Agradece al arcángel Gabriel y poco a poco toma conciencia de tu respiración y de tu cuerpo físico.
» Agradece: "Gracias, gracias, gracias".

AFIRMACIÓN

"Yo cumplo mis sueños y metas.
Yo soy creatividad. Yo soy felicidad"*.

*Pon la carta Cho Ku Rei sobre tu corazón para potencializar esta afirmación y repítela 21 veces; de esta manera tu mente integrará su energía plenamente.

CAPÍTULO VII

Reiki angelical para superar los celos y la inseguridad

Advertencia: *Si tus celos son excesivos y se han traducido en violencia psicológica o física, antes de experimentar esta técnica debes acudir a un psiquiatra o a un especialista en el tema.*

Tal vez en algún momento hayas sentido los celos que aparecen de forma esporádica, por una mirada que alguien le hizo a tu pareja, por un comentario o un halago. Este sentimiento es normal y hace parte de la naturaleza humana. Sin embargo, cuando los celos empiezan a aparecer regularmente, de forma injustificada o exagerada, pueden destruirnos y convertirnos en nuestro propio enemigo. Pueden llevarnos a nuestro lado más oscuro, negativo y dañino, ocasionar el peor de los conflictos e, incluso, acabar con nuestra relación. Por eso es importante diferenciar entre los celos que se generan porque el otro efectivamente nos ha faltado al respeto y los celos que aparecen por nuestras propias inseguridades.

Si tienes una pareja se debe a que los dos se han elegido libremente para compartir su vida, porque se atraen y se complementan. El propósito de esa unión debe ser mantener una relación sana, amorosa y feliz. Si eso no es así, si desconfías de tu pareja y sientes que tienes que tenerla cerca todo el tiempo para sentirte tranquilo(a), probablemente estés en la relación equivocada o sea hora de reevaluar tus inseguridades. Recuerda que la persona más importante de tu vida siempre debes ser tú.

EL CASO DE MARCOS Y SOFÍA

Marcos y Sofía duraron cinco años de novios. Durante ese tiempo, ella siempre se reía de los celos excesivos de Marcos, pues le parecía que así era como él demostraba el amor que sentía por ella. Algunas personas le aconsejaban alejarse de él por sus actitudes agresivas y celos incontrolables, pero Sofía hacía caso omiso a esos comentarios. Por el contrario, se casó con él y se fueron a vivir fuera del país.

Seis meses más tarde, de un momento a otro, la familia de Sofía dejó de saber de ella. Por sus celos enfermizos, Marcos había cortado Internet en la casa, le había quitado el teléfono y todo el poder sobre el dinero. La había encerrado y apartado del mundo. Inclusive había empezado a golpearla cada vez que salía a caminar o hablaba con otra gente tratando de averiguar un sitio donde pudiera mejorar su inglés o hacer la validación de su carrera como fisioterapeuta. En un abrir y cerrar de ojos su romance se convirtió en una relación de horror, pues él veía infidelidad en cada rincón de sus vidas.

Pasaron dos años antes de que Sofía pudiera huir con la ayuda de una congregación religiosa, el único sitio al que Marcos le permitía ir por una hora a la semana. Después de huir y llegar al país, Sofía, que había quedado traumatizada y creía que el amor no era para ella, vino un día a uno de mis talleres. El reiki angelical le permitió sanar su corazón y entender que los celos enfermizos no son una manifestación de amor, sino que, por el contrario, son un patrón de enfermedad emocional. Poco a poco ha empezado a curarse y a recuperar su autoestima. Ya casi se siente lista para enamorarse de nuevo.

TEST

1. Si tu pareja te avisa que tiene un compromiso en horas diferentes a las de oficina, ¿crees inmediatamente que te engaña?

2. ¿Te molesta que tu pareja tenga aficiones o gustos diferentes a los tuyos?

3. ¿Consideras que tú deberías ser la única prioridad de tu pareja?

4. ¿Consideras que tu pareja te pertenece?

5. ¿A menudo desconfías de lo que dice y hace tu pareja?

6. ¿Continuamente te asaltan pensamientos relacionados con el engaño?

7. ¿Quisieras tener el control sobre el tiempo y la agenda de tu pareja?

8. ¿Te molestan las amistades de tu pareja?

9. ¿Continuamente le reprochas a tu pareja la forma como se viste?

10. ¿Te obsesiona saber todo lo que tu pareja piensa, dice o hace?

Si respondiste "Sí" a más de dos preguntas, es posible que padezcas de celos crónicos. Los siguientes ejercicios son para ti.

Ejercicio: Identifico los motivos de mis celos

Piensa en los posibles motivos que te hacen ser una persona celosa. Estos pueden ser, por ejemplo, la infidelidad de tu padre o tu madre, o la infidelidad de una pareja anterior. Anótalos e interiorízalos. Acepta la situación y reconoce los sentimientos que te generan.

» Evalúa si los motivos son reales o simplemente tienes un patrón de comportamiento negativo frente al tema. Sé honesto(a), nadie va a juzgar tu trabajo interior. Pregúntate: ¿Estos celos son justificados o son parte de una manera de actuar cotidiana en mi vida sentimental?

» Si encuentras verdaderas razones para sentir celos, escríbelas. Si este es el caso, te recomiendo visitar un profesional especializado en conflictos de pareja. Si por el contrario te das cuenta de que es un patrón injustificado, te invito a curarte con la autoterapia de reiki angelical y la meditación que propongo a continuación.

Autoterapia: Reconozco el sentimiento que me habita

Símbolo: Dai Ko Myo
Arcángel: Zadquiel
Chakras que equilibras: Entrecejo, corazón, plexo solar
Objetos que necesitarás: Libreta de apuntes, lapicero

» Siéntate cómodamente con la libreta de apuntes al lado.
» Toma la carta Dai Ko Myo y ponla sobre tu corazón.
» Cierra tus ojos y pide al arcángel Zadquiel, quien transmuta los sentimientos de baja vibración como son los celos desenfrenados, que te ayude a conectarte

con el amor divino. Di: "Arcángel Zadquiel, permíteme entender y descubrir los sentimientos que llevo en mi corazón. Aparta de mí los pensamientos equivocados y negativos, intercede para que pueda encontrar la claridad que necesito".

» Agradece: "Gracias, gracias, gracias".

Meditación: Me siento seguro(a) de mí mismo(a), soy feliz

Símbolo: Sei Hei Ki
Arcángel: Zadquiel
Chakras que equilibras: Corazón, plexo solar
Objetos que necesitarás: Vela violeta

» Ve a tu sitio de meditación. Prende la vela violeta.
» Toma tu carta Sei Hei Ki, llévala a tu corazón y pide al arcángel Zadquiel que transmute tu desconfianza y tus celos desmedidos en autoestima y alegría de vivir.
» Toma una respiración profunda y al exhalar bota tensiones. Toma una respiración profunda y al exhalar bota la angustia. Toma una respiración profunda y al exhalar bota tus miedos. Toma una respiración profunda y al exhalar bota todo tu dolor.
» Cuenta regresivamente del tres al uno. Cuando llegues al número uno, siéntete en un estado profundo y relajado.
» Visualiza una playa hermosa donde caminas sobre arena tibia, dorada como el oro. Los árboles se mecen con el viento y ves hermosas flores. Hay mucha paz al caminar, sientes como el viento roza tu cara y todo tu cuerpo. Eres más liviano(a) que una pluma.
» Visualiza al arcángel Zadquiel como una luz violeta que se acerca a ti y te envuelve generándote mucho

amor. Visualiza la luz girando en torno a ti, mientras repites mentalmente: "Yo soy amor, yo soy la perfecta creación de amor de Dios". Repite varias veces esta frase, hasta que te sientas seguro de ti mismo(a) y empoderado(a).

» Cuando te sientas tranquilo(a), agradece al arcángel Zadquiel por transmutar los celos en seguridad hacia ti mismo(a).

» Poco a poco toma conciencia de tu respiración y de tu cuerpo. Cuenta tres respiraciones profundas inhalando fuertemente y exhalando lentamente.

» Cuando estés listo(a) abre tus ojos.

» Agradece: "Gracias, gracias, gracias".

AFIRMACIÓN

"Yo soy serenidad. Yo soy seguridad. Confío.
Estoy en paz y calma"*.

---

*Pon la carta Cho Ku Rei sobre tu corazón para potencializar esta afirmación y repítela 21 veces; de esta manera tu mente integrará su energía plenamente.

CAPÍTULO VIII

REIKI ANGELICAL PARA RECUPERAR EL ROMANCE EN TU RELACIÓN

El romance de la etapa inicial de una relación es probablemente el periodo más alegre y placentero. En esta época el gusto y la pasión se dan de forma natural, pues estar con la otra persona hace parte de una elección personal basada en la atracción y la afinidad.

Cuando dos personas se conocen y empiezan una relación libremente, sin presión alguna y solo con muchas ganas de conquistarse, aparece espontáneamente el romance. La llama del enamoramiento se aviva cada día. Es normal que quieran que ese sentimiento se conserve siempre, ya que les proporciona momentos placenteros gracias a que la adrenalina se extiende por todo el cuerpo y les hace sentir las famosas mariposas en el estómago.

Sin embargo, usualmente esa sensación de romance se queda solo en el comienzo de la relación y se va perdiendo a medida que nos habituamos a nuestra pareja. Hoy vengo a decirte que es posible conservar la emoción del romance si no permites que la falta de detalles y de innovación lleven en tu relación a la rutina y, eventualmente, al desinterés.

Puedes lograr esto si dejas que vuelva a nacer el romance en ti y recuerdas qué te hacía sonreír y qué te entusiasmaba al inicio. Permite que vuelva a ti el romanticismo de forma natural, para que de nuevo circule por tu cuerpo el deseo de compartir con tu pareja momentos de infinita alegría, sin importar el tiempo que lleven juntos. Aprovecha el lazo de confianza que ya has construido con tu ser amado para lanzarte nuevamente a conquistarlo.

EL CASO DE LUCÍA Y JOSÉ

Lucía se enamoró de la pasión y alegría con que vivía la vida José, un hombre amoroso, romántico y soñador al que le gustaba ver la salida del sol sobre hermosos paisajes y admirar las noches estrelladas con un buen vino, en compañía de su amada.

Después de un maravilloso romance, Lucía y José se casaron y tuvieron un hijo que llenó de felicidad el hogar. Pero entonces empezaron los cambios: los cuidados, las nuevas reglas, las nuevas responsabilidades y los nuevos acuerdos poco a poco hicieron que ellos se olvidaran de cuidar la pareja. En sus vidas solo había cabida para el trabajo, la crianza y la rutina. Eran días tan intensos que sentían que no tenían tiempo ni siquiera de darse los buenos días o el beso de las buenas noches. Cumplían sus obligaciones, pero olvidaban que debían complementarse y hacer nuevos y amorosos acuerdos, rescatando la complicidad y el romanticismo que siempre los había caracterizado.

La relación se volvió tan fría que —sin darse cuenta— se habían alejado hasta el punto de sentirse extraños. Entonces fue cuando Lucía vino a mi consultorio. En la primera cita me dijo que creía que José le estaba siendo infiel, pues ya ni siquiera tenían intimidad ni comunicación. Le pregunté qué pruebas tenía para acusarlo de infidelidad, a lo cual me contestó: "¡Ninguna! Jamás ha llegado tarde a casa, siempre contesta mis mensajes y llamadas, nunca ha hecho un viaje sospechoso y tampoco nadie me lo ha insinuado..., pero su indiferencia hacia mí me hace pensar que me es infiel. Lo veo triste, y la verdad es que yo también me siento así".

Después de desahogarse le dirigí una meditación para que recordara al hombre del que se había enamorado y le pedí que mientras yo le practicaba la terapia de reiki angelical, se visualizara al lado de José realizando planes distintos y amorosos. Le pedí que se imaginara haciendo las caminatas que les gustaba hacer cuando eran novios, prendiendo la chimenea, viendo las estrellas. También le pedí que se visualizara haciendo planes distintos con toda la familia.

Al terminar la terapia me dijo: "Claro, con el nacimiento de mi hijo me olvidé de José y también de mí. Tengo que reinventar el romance en nuestra relación, no es nada más".

Le recomendé los ejercicios que encuentras a continuación para renovar el romance y la complicidad, y hoy se encuentra feliz, reconquistando al amor de su vida y dejándose sorprender por él y por esta nueva etapa.

TEST

1. ¿Sientes que has perdido el entusiasmo en tu relación?
2. ¿Te parece que ya nada te sorprende de tu pareja?
3. ¿Los planes que haces con tu ser amado son siempre los mismos?
4. ¿Necesitan siempre de la compañía de amigos para pasar un buen rato juntos?
5. ¿Has dejado de recordar cuáles son las cualidades que más te gustan de tu pareja?
6. ¿Te parece normal que tu pareja te haga un cumplido?

7. ¿Te da igual si tu pareja te acompaña o no a un evento?

8. ¿Hace mucho que no le das un detalle a tu pareja sin que exista un motivo en especial?

9. ¿Hace mucho que no tienen una mirada cómplice?

10. ¿Sientes que ya no hay creatividad en la intimidad (una llamada insinuadora, un cumplido seductor, por ejemplo)?

Si respondiste "Sí" a más de dos preguntas, es hora de reconquistar a tu pareja y recuperar el romance en tu relación.

Ejercicio: Reavivo el romanticismo

Símbolos: Hon Sha Ze Sho Nen, Cho Ku Rei
Arcángel: Chamuel
Chakras que equilibras: Todos
Objetos que necesitarás: Libreta de apuntes, lapicero, fotografía de tu pareja (preferiblemente una de la época en que se conocieron)

» Toma la foto de tu pareja y obsérvala con la carta Hon Sha Ze Sho Nen sobre tu corazón.

» Invoca al arcángel Chamuel y dile: "Amado arcángel del amor, inspírame, llena mi corazón de entusiasmo con tu amorosa luz naranja, renovando el deseo, la pasión y la alegría para que regrese a nosotros el romanticismo con el que nos conquistamos".

» Toma tu libreta de apuntes y escribe las 10 cualidades por las que te enamoraste de tu pareja. Recuerda desde lo más simple hasta lo más importante.

» En otra página de la libreta, escribe 5 actividades o situaciones que disfrutaban cuando se conocieron. Trata de recordar cómo se divertían, cuáles eran los planes que más les gustaban.

» En otra página de la libreta, anota 10 cosas con las cuales podrías agradar a tu pareja hoy. Sé creativo(a), utiliza el factor sorpresa. ¿Qué tal si le haces una invitación por escrito a una noche romántica y se la dejas en el parabrisas de su carro? ¿Y si lo(a) recoges al salir de la oficina sin avisarle y lo(a) llevas a cenar delicioso? Son muchas las formas en las que tu ingenio puede crear de nuevo la magia del enamoramiento.

» Toma la carta Cho Ku Rei y déjala sobre el último listado para que potencialices la intención de forma perfecta.

» Agradece: "Gracias; gracias, gracias".

Autoterapia: Río y abro camino al romance

Símbolo: Cho Ku Rei
Arcángel: Chamuel
Chakras que equilibras: Todos
Objetos que necesitarás: Espejo

Existen varias investigaciones en neurociencia que consideran que la risa es el mejor vehículo para mantener vivo el romance y la pasión dentro de la relación. La teoría es que cuando reímos nuestro cerebro libera neurotransmisores que nos hacen sentir maravillosamente, liberando endorfinas, beneficiando nuestro sistema cardiovascular, disminuyendo el estrés y creando una atmósfera de positivismo. Por eso, si vuelves a reír puedes contagiar de tu alegría a tu pareja y despertar más fácilmente el romance en tu relación.

» Ubícate frente a un espejo.

» Durante diez minutos dedícate a hacer muecas y a decir frases que consideres completamente cursis.

Termina esta parte del ejercicio ofreciéndote una sonrisa exagerada.

» Toma tu carta Cho Ku Rei y altérnala sobre tus ojos cerrados, mientras repites el nombre de tu pareja varias veces.

» Pide al arcángel Chamuel que regrese la risa y la diversión a tu relación, para así mantener vivo el romance. Hazlo con tus propias palabras.

» Recuerda con tus ojos cerrados cuáles eran esas frases que sentías cursis cuando hacías gestos frente al espejo y disfruta el sentimiento de risa; interiorízalo y disfrútalo.

» Cuando termines, busca por lo menos tres planes o situaciones que puedan hacer reír a carcajadas a tu pareja, y busca la manera de llevarlos a cabo.

» Agradece: "Gracias, gracias, gracias".

MEDITACIÓN: SUSPIRO DE NUEVO POR TI

Símbolo: Dai Ko Myo
Arcángel: Chamuel
Chakras que equilibras: Corazón, plexo solar, raíz
Objeto que necesitarás: Vela naranja

» Ve a tu sitio de meditación y prende una vela de color naranja. Pon música de fondo si así lo deseas.

» Toma tu carta Dai Ko Myo. Ponla sobre tu corazón y pide al arcángel Chamuel que regrese el romance a tu relación y avive la llama del amor.

» Toma una respiración profunda y al exhalar bota tensiones. Toma una respiración profunda y al exhalar bota la angustia. Toma una respiración profunda y al exhalar bota tus miedos. Toma una respiración profunda y al exhalar bota todo tu dolor.

» Visualiza que llegas a un hermoso paisaje donde hay hermosos árboles con flores de color naranja y caminas sobre un hermoso pastizal.

» Visualiza que el arcángel Chamuel se acerca a ti y te da un amoroso abrazo. Siente su tibieza y su amor.

» Imagina que este amoroso arcángel se sienta frente a ti para que le confíes tus anhelos con respecto a tu relación.

» Visualiza que tu pareja llega al espacio donde te encuentras y te abraza con profundo amor.

» Sintiendo la presencia del arcángel del amor y su perfecta luz dile a tu pareja frases románticas. Visualiza que sonríen y disfrutan juntos.

» Con tus propias palabras, ofrece esa complicidad y amor al universo para que se multiplique.

» Toma conciencia de tu respiración y de tu cuerpo físico. Cuenta hasta tres y cuando estés listo(a) abre tus ojos.

» Agradece: "Gracias, gracias, gracias".

AFIRMACIÓN

"Yo soy inspiración. Yo soy romántico(a).
Me permito ser feliz"*.

---

*Pon la carta Cho Ku Rei sobre tu corazón para potencializar esta afirmación y repítela 21 veces; de esta manera tu mente integrará su energía plenamente.

CAPÍTULO IX

Reiki angelical para sanar el corazón roto

Si sientes que te partieron el corazón y lo único que se te antoja es cerrar tus ojos para tener un largo y profundo sueño que te permita salir de tu realidad, si fantaseas constantemente con que la persona que te lastimó vuelva a ti pidiéndote que regresen, probablemente estás pasando por la primera etapa del desamor. Puede que sientas dolor, desconcierto, rabia, desilusión y otros sentimientos negativos que te hacen creer que tu corazón está roto y que no hay manera de repararlo. Posiblemente estás pensando que jamás podrás compartir con nadie más una relación.

Cuando estás en medio de esto, es importante hacer un alto en el camino y decidir reinventarte. De la etapa del dolor pasarás a la de reflexión y luego a la de entendimiento. Para empezar este viaje, tus pensamientos deben estar enfocados en sanar y en empezar a crear una nueva etapa para ti. El reiki angelical te ayudará a retomar el camino amoroso, perfecto y fácil para volver a ti.

EL CASO DE VALENTINA

Valentina llegó a mi consultorio a tomar una terapia de reiki angelical por recomendación de una amiga. Al entrar a mi consultorio, se expresó literalmente así: "Tengo el corazón roto. Creo que me voy a morir de dolor". Sus ojos estaban totalmente empañados, no podía parar de llorar y hablaba con rabia, decepción y dolor. Traía muchas preguntas sin respuesta, así que le permití que se desahogara un rato. Duró 10 minutos haciéndolo y cada tanto decía: "Es que él me rompió el corazón".

Invoqué al arcángel Rafael para sanar su corazón y le pedí que me indicara las palabras justas para tranquilizarla antes de su terapia de reiki angelical. Sin siquiera pensar, mirándola a los ojos, con delicadeza y amor le dije: "Entiendo que tengas dolor, entiendo que busques respuestas. Esta experiencia te está doliendo, pero tu corazón puede sanar y podrás volver a amar a alguien más, inclusive con mayor intensidad si así lo deseas. Si crees que te rompieron el corazón puedes ir a hacerte un electrocardiograma. Tu médico te ratificará que tu corazón no está roto. Nadie puede romperte el corazón. Ni física ni emocionalmente".

El llanto de Valentina cesó casi de inmediato y me dijo: "Tienes razón, tengo que calmarme". Le sonreí y empecé a practicarle la terapia de reiki angelical. Al terminar le pregunté con picardía si de todas maneras creía que tenía que hacerse el electrocardiograma. Se echó a reír durante varios minutos. Han pasado siete meses desde entonces y Valentina está enamorada de sí misma, de la vida y de una nueva pareja.

TEST

1. ¿Crees que tienes el corazón roto?
2. Desde que terminaste tu relación, ¿sientes un vacío en el estómago y hasta te duele respirar?
3. ¿Crees que podrías haber hecho más por la relación que terminó y te lo recriminas todo el tiempo?
4. ¿Pasas de la rabia al llanto y del llanto a la tristeza varias veces en el día?
5. ¿Sientes que has perdido la confianza en el amor?
6. ¿Crees que el amor es dolor?
7. ¿Te gustaría que le fuera mal a la persona que te lastimó?
8. ¿Te imaginas a la persona que te lastimó pidiéndote perdón?
9. ¿Sientes que amas a la persona con la que terminaste, pero también que la extrañas y la odias?
10. ¿Quieres saber todo de tu expareja así te duela? ¿Con quién está? ¿Qué hace? ¿Cuál es su rutina?

Si respondiste "Sí" a una o más preguntas, es hora de sanar tu corazón, de darle vuelta a la página y entender que no puedes permitir que una mala experiencia arruine tu vida. Por el contrario, puedes aprender de ella para renovar la fe en el amor y tener relaciones exitosas.

AUTOTERAPIA: SANO MI CORAZÓN

Símbolos: Hon Sha Ze Sho Nen, Sei Hei Ki
Arcángel: Rafael
Chakras que equilibras: Corazón, plexo solar, raíz
Objetos que necesitarás: Vaso de agua, vela verde, hoja de papel, lapicero

» Ve a tu sitio de meditación. Prende tu vela verde y pon la carta Hon Sha Ze Sho Nen sobre el vaso de agua para potencializar tu intención.

» Toma la carta Sei Hei Ki en tus manos y ponla sobre tu corazón.

» Toma tres respiraciones profundas, inhalando luz verde y exhalando tensiones.

» Con la siguiente oración, pide al arcángel Rafael que guíe esta autoterapia para sanar tu corazón herido: "Arcángel Rafael, te amo y te bendigo. Te pido que hoy sanes mi corazón del dolor que siento, permíteme soltar sin rencor a _____ (nombre de la persona que te lastimó). Inunda mi corazón de paz y calma, serenidad y tranquilidad, aclara mis pensamientos y lléname de tu luz sanadora para que a partir de hoy regresen a mí —sin ningún resentimiento— la paz y la capacidad de volver a empezar con respecto al amor".

» Al terminar de leer tu oración cierra tus ojos y visualiza que el arcángel Rafael te entrega una esfera de luz verde y que tú la tomas en tus manos y la pones sobre tu corazón. Quédate visualizando por un rato cómo esa esfera sana tu corazón.

» Cuando te sientas listo(a), abre tus ojos y deja a un lado la carta Sei Hei Ki.

» Retira la carta Hon Sha Ze Sho Nen del vaso de agua y bebe su contenido mientras repites mentalmente: "Arcángel Zadquiel, que esta agua sea el símbolo de sanación de mi cuerpo físico, mental y espiritual, y que transmute mis pensamientos y sentimientos de baja vibración en amor perfecto y alegría de vivir".

» Agradece: "Gracias, gracias, gracias".

Ejercicio: Siento alivio en el corazón

Símbolo: Cho Ku Rei
Arcángeles: Zadquiel, Rafael
Chakras que equilibras: Corazón, plexo solar, raíz
Objetos que necesitarás: Dos hojas de papel y lapicero

» Con tus propias palabras, invoca al arcángel Rafael para que te ayude a soltar los sentimientos y pensamientos negativos y sientas la paz que necesita tu corazón para sanar y recuperar la esperanza y la alegría de vivir.

» En una hoja de papel, escribe los sentimientos que quieres soltar y al final anota la siguiente afirmación: "Arcángel Zadquiel, transmuta estos sentimientos de dolor en amor, llena mi vida de confianza, permíteme recuperar la alegría de vivir. Confío en tu guía y apoyo".

» Lee en voz alta el listado y después quema el papel. Bota las cenizas al viento.

» En otra hoja de papel, escribe los sentimientos que quieres adquirir para sanar tu corazón. Al final, escribe la siguiente afirmación: "Arcángel Rafael, sana mi corazón, permíteme ver lo hermosa que es la vida, ayúdame a recuperar la esperanza y la alegría de vivir desde hoy, aclarando mis sentimientos y pensamientos para volver a empezar con fuerza y alegría. Que mis sentimientos sean de amor. Gracias, gracias, gracias". Pon tu carta Cho Ku Rei sobre esta hoja para potenciar tus deseos.

» Agradece: "Gracias, gracias, gracias".

» Lee el listado de sentimientos que quieres adquirir durante 21 días seguidos.

Meditación: Recupero la paz

Símbolo: Sei Hei Ki
Arcángel: Rafael
Chakras que equilibras: Corazón, plexo solar, raíz
Objetos que necesitarás: Vela verde

Una de las claves más eficientes para sanar el corazón cuando sentimos que alguien nos lo partió es liberarnos de ataduras y perdonar a la persona que nos lastimó. Con esta meditación, atrévete a perdonar y así lograras recuperar la paz.

» Ve a tu sitio de meditación y prende tu vela verde.
» Toma tu carta Sei Hei Ki y ponla en tu corazón.
» Toma una respiración profunda y exhala la tristeza. Toma una respiración profunda y exhala la rabia. Toma una respiración profunda y exhala el rencor.
» Siente que tu cuerpo se derrite como mantequilla desde tu cabeza hasta tus pies. Concéntrate en tu respiración y observa que al inhalar y exhalar tu cuerpo se relaja más y más.
» Visualízate caminando sobre arena tibia. Imagina que hay hermosos árboles que se mecen con el viento.
» Visualiza que Rafael Arcángel te acompaña en este momento y te genera paz y serenidad.
» Imagina que la persona que te lastimó llega frente a ti. Exprésale todo lo que sientes y luego, en tus propias palabras, dile que le permites irse de tu vida en paz, porque entiendes que así lograras rehacer tu vida y empezar de nuevo a confiar en el amor. Observa cómo se marcha.

» Siente que el arcángel Rafael pone sus manos sobre ti y sana tu corazón para que regresen la esperanza y el amor.

» Poco a poco toma conciencia de tu respiración y de tu cuerpo físico.

» Agradece: "Gracias, gracias, gracias".

Nota: Puedes practicar esta meditación cuantas veces sea necesario para que cada vez sueltes con mayor facilidad el dolor y puedas fluir para encontrar de nuevo el amor.

AFIRMACIÓN

"Yo soy un corazón sano. Yo soy esperanza.
Yo soy amor. Yo soy paz"*.

*Pon la carta Cho Ku Rei sobre tu corazón para potencializar esta afirmación y repítela 21 veces; de esta manera tu mente integrará su energía plenamente.

CAPÍTULO X

REIKI ANGELICAL PARA SANAR LA SEXUALIDAD Y DESPERTAR LA SENSUALIDAD

Cuando entre dos personas que tienen sentimientos de amor la una por la otra se da una relación sexual, se forman vínculos emocionales y energéticos que ayudan a tejer una vida de pareja feliz y estable. Este acto de amor permite que te conectes con tu pareja a nivel físico, mental y espiritual, creando vínculos de emoción, pasión, compromiso y complicidad.

La sexualidad no es solo para procrear; también es una forma de liberar endorfinas que te causan bienestar, y estimular la prolactina, que elimina el estrés de forma natural, y la serotonina, que genera estados de felicidad. Lamentablemente en nuestros tiempos todavía es un tabú hablar de la sexualidad y en algunos casos la información se torna turbia y negativa. Por eso es muy importante que las parejas hablen con naturalidad y espontaneidad sobre sus gustos sexuales, sus deseos y anhelos. Así crearán una atmósfera positiva, saludable y amorosa en su relación. Cuanto más clara sea la comunicación, mejor será la sexualidad.

Aunque estemos en pareja, a veces el chakra de la sexualidad, que es el mismo de la creatividad, se encuentra bloqueado. Esto puede ocurrir por relaciones sexuales negativas del pasado, por estrés, ansiedad o por ideas limitantes con respecto a la sexualidad que te generan sufrimiento, desconfianza y dolor.

El reiki angelical te permite identificar si ese es tu caso y te ayuda a sanar ese centro energético para que tu vida sexual renazca y puedas tener relaciones físicas que estén ligadas al amor, la confianza, el respeto y la alegría de compartir en pareja. Recuerda que tú eres un ser único con un cuerpo al que debes cuidar, amar y respetar para que puedas disfrutar de relaciones sanas, satisfactorias y felices.

El caso de Esteban

Esteban, un hombre de 45 años con un matrimonio aparentemente estable, vino un día a mi consulta para explorar por qué había perdido todo deseo de intimar con su esposa. Llevaba más de un año sin tener relaciones con ella y no entendía por qué, pues sentía que la amaba, que quería permanecer a su lado y ni siquiera le daban ganas de serle infiel. Sin embargo, no sentía ningún tipo de pasión física por ella.

Le pregunté si habían abordado el tema alguna vez y me respondió: "No, es imposible hablar con ella. Me siento hablando con mi madre: todo el día me juzga, me regaña y me da órdenes. Prefiero mantenerme callado, por eso estoy acá. La solución no tiene que ver con ella, tengo que resolver el tema yo solo". Le expresé que creía que estaba equivocado, pues claramente él estaba viendo en su esposa a una autoridad y no a una mujer, y que enfocaríamos la terapia de reiki angelical en aclarar esa idea.

Cuando estábamos en medio de la sesión, Esteban empezó a decir frases como: "Claro, cómo va a entender ella si no le digo". Al terminar, él se sentó en la camilla y me dijo:

"¿Estaría mal si le escribo primero una carta diciéndole que la amo y que quiero que recuperemos nuestro matrimonio? Si se lo digo, lo más probable es que terminemos en una pelea horrible, ella jamás me deja expresar lo que pienso". Le respondí: "Elige tú, usando tu libre albedrío. ¿Cuál crees que es la forma más fácil y simple con la que puedes expresarle a tu esposa que estás cansado de sus regaños, que ya no eres un niño y que su manera de juzgarte acaba con la pasión?". Cuando terminé de darle ese consejo me dijo: "Así es, voy a llevarla a cenar y le diré todo".

Ella lo entendió todo, y hoy en día, después de esa feliz conversación y de practicar los ejercicios que comparto a continuación, Esteban no solo volvió a sentir pasión por su esposa, sino que la sexualidad y en general la relación entre ellos mejoró sustancialmente. La confianza, el diálogo, el amor y la buena voluntad así lo permitieron.

TEST

Si estás en una relación...

1. ¿Consideras que tienes buena comunicación física con tu pareja?
2. ¿Hablas libremente de sexualidad con tu pareja?
3. ¿Tienes relaciones sexuales placenteras, gratificantes y con la frecuencia que deseas?
4. ¿Crees que tu pareja es generosa en el ámbito sexual y busca que te sientas a gusto en la relación?
5. ¿Te sientes amado(a) por tu pareja durante los intercambios sexuales?

Si respondiste "No" a alguna de estas preguntas, es hora de abrir la conversación con tu pareja y reavivar tu sexualidad.

Si no estás en una relación...

1. ¿Dirías que tus últimas relaciones románticas han sido con personas tóxicas?
2. ¿Durante el último año, has sostenido relaciones sexuales solo por placer, sin ningún tipo de conexión emocional?
3. ¿Has tenido más de tres parejas sexuales en el último mes?
4. ¿Tienes la creencia de que la sexualidad es un tema netamente fisiológico, que no involucra sentimientos?
5. ¿Alguna vez has sido lastimado(a) o agredido(a) física o verbalmente en el ámbito sexual?

Si respondiste "Sí" a alguna de estas preguntas, es hora de limpiar tu chakra sexual con la siguiente autoterapia.

AUTOTERAPIA: LIMPIO MI CHAKRA SEXUAL

Símbolos: Sei Hei Ki, Hon Sha Ze Sho Nen, Dai Ko Myo
Arcángel: Chamuel
Chakras que equilibras: Sexual
Objetos que necesitarás: Dos vasos de cristal, cuarzo de color naranja, sal marina, agua, miel

El chakra sexual se relaciona directamente con la capacidad de relacionarte en pareja y conectarte con la energía de la sexualidad, la abundancia y la creatividad. Por esta razón, estemos en pareja o no, debemos mantenerlo limpio de energías tóxicas que pueden tener huellas negativas en tu cuerpo energético.

» En un vaso de cristal pon agua hasta la mitad y tres cucharadas de sal marina.

» Introduce el cuarzo naranja en el vaso y tápalo con la carta Hon Sha Ze Sho NeN para limpiar las memorias pasadas. Déjalo reposar por una noche entera.

» Al día siguiente, retira la carta Hon Sha Ze Sho Nen del vaso, y en su lugar pon la carta Dai Ko Myo. Repite la siguiente oración: "Arcángel Chamuel, permite que este cristal se potencialice para equilibrar mi chakra sexual, para que regrese a mí la capacidad de amar y experimentarme en relaciones sexuales sanas y placenteras".

» Vierte unas cucharadas de miel en el segundo vaso y déjalo cerca de ti.

» Saca el cuarzo del vaso con agua y ponlo sobre tu chakra sexual durante unos minutos. Mientras lo tienes ahí, pronuncia el nombre del símbolo Dai Ko Myo varias veces para equilibrar tu chakra y conectarte con el amor, la creatividad y la sensualidad, y visualiza tu chakra girando en el sentido de las manecillas del reloj, en perfecto orden y perfecto color naranja.

» Cuando retires el cuarzo de tu chakra sexual, introdúcelo en el vaso con miel y tápalo con la carta Sei Hei Ki. Déjalo ahí por unas horas. Esto permitirá borrar las memorias negativas que atrapó el cristal de tu chakra sexual.

» Agradece: "Gracias, gracias, gracias".

Además de ordenar y limpiar tu chakra sexual a nivel energético, este ejercicio te ayuda a sanar tus órganos físicos (pelvis, útero, riñones, próstata, glándulas suprarrenales) para que tengas una vida sexual sana y feliz.

MEDITACIÓN: RECONECTO CON MI PAREJA EN LA ENERGÍA DEL AMOR

Símbolo: Dai Ko Myo
Arcángel: Chamuel
Chakras que equilibras: Sexual, corazón
Objetos que necesitarás: Vela naranja, incienso de rosas o de vainilla, cerillos, libreta de apuntes, lapicero

» Ve a tu sitio de meditación. Prende una vela naranja y un incienso de rosas o de vainilla.

» Toma la carta Dai Ko Myo y ponla sobre tu corazón. Di la siguiente oración: "Arcángel Chamuel, te amo y te bendigo, te pido renueves el amor y la atracción con mi pareja. Permite que tu luz naranja de amor nos envuelva en alegría, respeto, amor, diversión y deseo. Que tu luz infinita nos conecte con la fuente inagotable del amor".

» Cierra tus ojos. Toma tres respiraciones profundas y suelta tensiones con cada exhalación.

» Visualiza que te encuentras con tu pareja en una playa solitaria; el paisaje es romántico y hermoso.

» En tus propias palabras, agradécele a tu pareja por amarte y cuéntale cómo te sientes con respecto a la vida en pareja que llevan. Exprésale cómo te gustaría que floreciera la confianza y la sensualidad para mejorar la relación.

» Termina visualizando que se abrazan y caminan felices por la playa.

» Agradece: "Gracias, gracias, gracias".

» Abre tus ojos y escribe en la libreta de apuntes cuál fue tu experiencia en esta meditación y qué quisieras expresarle a tu pareja para mejorar tu sexualidad en la relación.

» Pide al arcángel Chamuel que te dé fuerza y coraje para expresarle a tu pareja lo que dicta tu corazón.

Afirmación

"Mis deseos en manos de los ángeles son una orden para el universo. Confío".

---

*Pon la carta Cho Ku Rei sobre tu corazón para potencializar esta afirmación y repítela 21 veces; de esta manera tu mente integrará su energía plenamente.

CAPÍTULO XI

Reiki angelical para programar el amor

A lo largo de este recorrido juntos hemos experimentado la fortaleza de vencer el miedo, la grandeza del perdón y la importancia de hacernos cargo de nuestra propia vida. Confío en que cada paso haya dejado en ti una lección inolvidable para volver a empezar y rehacer tu vida, olvidando los dolores de lo vivido y tejiendo lo que vendrá. Si lo que quieres es una relación sana y amorosa, es indispensable que empieces desde ya a programarla. Y para eso he escrito este capítulo.

En él pondrás en acción el poder que tienes para materializar tus propias metas y sueños. Tendrás la oportunidad de programar lo que siempre has soñado a nivel emocional. Sentirás que eres una persona diferente, con nuevos proyectos e innovadoras formas de ver el mundo que te rodea. Al haberte liberado de los sentimientos que te ataban a la tristeza con la ayuda de las páginas anteriores, ya estás listo(a) para comenzar una vida hecha a tu gusto, plena y llena de amor.

Por esa razón, antes de continuar, quiero que revises si tu corazón se encuentra tranquilo, pues es una de las claves para programar el amor. Si después de hacer una reflexión a conciencia, encuentras que aún hay dolor, tristeza, ansiedad o alguna emoción similar alrededor del tema de las relaciones, te invito a volver sobre los capítulos anteriores. Es de vital importancia que te sientas en paz antes de crear una nueva realidad. Si por el contrario sientes que estás listo(a), sigamos adelante.

Desde este momento entrarás al mundo de la programación con el reiki angelical y experimentarás la capacidad que tienes para hacer milagros en tu propia vida. Puede ser que tus creencias te lleven a creer que los milagros y los deseos no son concedidos *por* los seres humanos, sino que alguien afuera los crea *para* ellos. Desde pequeños hemos escuchado historias religiosas o literarias que nos han hecho pensar así. Pero si miramos más profundo, entendemos que en el fondo somos nosotros mismos los que tenemos el poder de materializar lo que queremos.

Recuerda por ejemplo el cuento de *Aladino y el genio de la lámpara*. Es ese relato en el que el genio le ofrece a Aladino concederle tres deseos, y quiere responder el pedido, sin importar los motivos, las razones o las circunstancias que hayan llevado al joven a pedir lo que solicita. "Tus deseos son órdenes", le dice el genio, y le concede cada una de sus peticiones. Pero piensa en esto: aunque es el genio el que hace los sueños realidad, es Aladino el que programa y pide que todo ocurra. Al trabajar con el reiki angelical, nosotros somos como Aladino, los que pedimos y programamos lo que queremos para nuestras vidas, y el reiki angelical es el genio que concede los sueños y nos dice que "nuestros deseos son órdenes".

Por eso este capítulo da cierre a una lección muy importante que debes tener en cuenta antes de programar lo que deseas ver manifestado en tu vida: el genio de la lámpara te concederá todo lo que pidas —TODO—. Por eso debes tener el corazón cargado de felicidad y positivismo, por eso debes estar irradiando amor y paz, pues el genio no se detendrá a mirar tus razones, motivos o circunstancias, simplemente te dará lo que pides, y si no estás bien instalado(a) en pedir desde el corazón, puede que el resultado no sea lo que necesites o te convenga.

Para este último paso en nuestro proceso juntos, te regalaré ejercicios de programación para el amor, que podrás hacer las veces que quieras. Ten en cuenta que entre más veces los hagas, más eficaces serán. Así mismo, cuanto más creas en ellos, más fácilmente tus deseos serán concedidos. Usarás un Diario del Amor donde escribirás todas las cosas que anhelas y que guardarás como un regalo de ti para ti. Nadie más que tú deberá leerlo. Ahí escribirás todos tus sentimientos, tus mejores momentos y las cosas grandiosas que poco a poco irán sucediendo en tu vida. Recuerda, este Diario del Amor es un espacio para ti, es decir que entre más honesto(a) y sincero(a) seas contigo mismo(a), más fácil será hacer tus deseos realidad.

¡Solo falta empezar!

EL CASO DE JOAQUÍN

Joaquín, un joven que se había separado hacía 10 meses, llegó a mi consultorio cansado de salir cada semana con una mujer diferente. Me expresó que sentía que las mujeres de su edad solo estaban interesadas en conseguir pareja a toda costa, sin importar que el personaje les atrajera o no.

Me sorprendió mucho su comentario y le pregunté por qué tenía esa sensación. Él me respondió: "Sales una vez con ellas y desde el primer momento te hablan de un compromiso serio. Se les nota la ansiedad, ni siquiera se dan el tiempo para la conquista. Ni te conocen y ya están dispuestas a todo. Y todo es todo".

Le dije: "¿Y tú a qué estás dispuesto por encontrar la mujer de tus sueños? ¿Te has tomado la molestia de salir más de una vez con alguna de ellas? Creo que juzgas sin conocer y ese es un grave error. Siento que el equivocado eres tú. No puedes asumir lo que ellas puedan estar pensando y mucho menos estar sintiendo". Él no supo qué responderme.

Amorosamente le practiqué su terapia de reiki angelical y le expresé que debía sentirse en perfecto orden consigo mismo antes de encontrar la pareja ideal. Le recordé que era tiempo de trabajar en él, de soltar el pasado, de no juzgar a cada persona con la que saliera, sino, por el contrario, de observar, conocer y aprender.

En poco tiempo recapacitó y dijo: "Los ángeles tienen razón. El mensaje es claro. Debo trabajar en mí y así podré programar lo que quiero encontrar". Así lo hizo. Dejó de juzgar y se dedicó a programar el amor en su vida. Poco tiempo después, se reencontró con Ana, una de las mujeres a quien había descartado arbitrariamente después de la primera cita.

Unos meses después, en otra terapia de reiki angelical, me dijo: "Ella era hermosa y segura de sí misma; me enamoré desde el instante en que la vi". Salieron varias veces, se dieron la oportunidad de conocerse y darse cuenta cómo se complementaban, se divertían y amaban. La lección era clara: primero ámate y acéptate, luego programa lo que sueñas y entonces llegará a ti lo que mereces.

TEST

1. ¿Te sientes cómodo(a) con el enunciado "Yo soy la persona más importante en mi vida"?
2. ¿Podrías afirmar que te amas tal y como eres?
3. ¿Tu felicidad es tu prioridad?

4.   ¿Entiendes que una pareja es un coequipero de vida y no algo que posees o que viene a arreglar tu vida?

5.   ¿Sientes que tu corazón está en paz y ha perdonado y soltado todas las relaciones románticas del pasado?

Si contestaste "Sí" a todas las preguntas anteriores, estás listo(a) para programar el amor verdadero y permitir que llegue a tu vida. De lo contrario, te invito a que vuelvas sobre los capítulos anteriores y trabajes en ti antes de proceder a programar el amor sano y perfecto para ti.

EJERCICIO: EL JARDÍN DE LOS DESEOS

Símbolo: Cho Ku Rei
Arcángel: Chamuel
Objetos que necesitarás: Diario del Amor, lapicero

Este ejercicio es uno de los más importantes en este proceso de programación. A través de él determinarás qué es lo que *realmente* quieres en tu vida amorosa. Empezarás por preguntarte a ti mismo(a) qué es lo que verdaderamente quieres y lo describirás de la forma más concreta posible, pues de esta forma programarás cada situación tal y como la quieres, sin dejar nada al azar.

Uno de los errores más grandes que cometemos al pedir un deseo es que no lo hacemos de forma específica. Por eso, cuando hablo con pacientes que están buscando una relación sentimental estable, les pido que piensen en cada detalle y pidan sin escatimar; de hecho les digo hasta que exageren, pues todo lo que pidan se les concederá. Les digo que visualicen cómo quieren que sea su vínculo, qué quieren sentir, cómo quieren vivir su relación y con qué tipo de persona quieren tenerla. Cuando ya tienen claros sus deseos, solo potencializo la intención con el reiki angelical y la magia se produce.

Esto mismo te pido a ti, que desde hoy comienzas este hermoso proceso. Todo lo que quieres en tu vida sentimental debes pedirlo con fe y tomar la acción de practicar tu autoterapia. Así te será concedido tu deseo. ¡Empecemos!

» Toma tu carta Cho Ku Rei para abrir los canales de energía positiva y potencializar tu intención. Ponla sobre tu corazón.

» Invoca al arcángel Chamuel con la siguiente oración: "Amado arcángel Chamuel, ilumíname con tu rayo de luz naranja de amor para despertar mi capacidad de crear una relación de pareja perfecta. Envuélveme en infinito amor para atraer a mí la realidad que deseo. Gracias, gracias, gracias".

» Cierra tus ojos e imagínate en una hermosa pradera. Observa los hermosos árboles que hay a tu alrededor y que tienen frutos de muchos colores.

» Siente cómo la brisa roza tu rostro y los pájaros cantan y vuelan sobre ti. Camina por los hermosos pastizales y llega a un hermoso terreno fértil listo para ser cosechado. Este terreno es tu corazón, tu jardín de los deseos.

» Visualízate caminando por la tierra y siente la humedad en tus pies.

» Imagina que en ese terreno plantas lo que quieres ver florecer en tu vida sentimental. Quizá quieras cultivar fidelidad, amor puro, confianza, pasión, dulzura, compañerismo, diversión o sencillamente honestidad.

» Obsérvate cultivando cada uno de estos sentimientos o pensamientos y riégales un poco de agua.

» Visualiza cómo poco a poco van creciendo las plantas de tu jardín de los deseos.

» Guarda en tu mente esa imagen y recuerda en tu corazón lo que cultivaste. Cuando hayas terminado, toma tu Diario del Amor y pregúntate: ¿Qué es lo que realmente quiero para mi vida sentimental? Tal vez quieras reconciliarte con tu expareja o encontrar a tu alma gemela. Sea lo que sea, escribe detalladamente lo que estás buscando y lo que realmente deseas. Cuando lo hayas hecho, recuerda cada uno de los sentimientos, emociones y situaciones que cultivaste en tu jardín de los deseos y escríbelos también. Así afirmarás aún más tu petición.

» Deja tu carta Cho Ku Rei sobre los deseos que escribiste por un día.

» Agradece: "Gracias, gracias, gracias".

Este corto ejercicio es el inicio del camino de programación.

MEDITACIÓN: EL AMOR ME PERTENECE

Símbolo: Dai Ko Myo
Arcángel: Chamuel
Objetos que necesitarás: Vela naranja

» Ve a tu sitio de meditación, prende tu vela naranja.

» Toma tu carta Dai Ko Myo y ponla sobre tu corazón.

» Toma tres respiraciones profundas y suelta tensiones con cada exhalación.

» Imagina que caminas sobre arena tibia y que llegas a una hermosa montaña. Siente cómo un viento color naranja toca tu cuerpo y disfruta el paisaje.

» Visualiza que un rayo de luz naranja muy brillante viene hacia ti. Su luz te genera calma y sentimientos de felicidad.

» Visualiza que una vez frente a ti esa luz se torna en la imagen del arcángel Chamuel. Dale un amoroso abrazo y siéntate frente a él.

» Cuéntale lo que deseas ver realizado en tu vida sentimental. Ponle tus deseos en sus manos y relájate.

» Experimenta la seguridad que el arcángel Chamuel te ofrece para cumplir tus deseos.

» Empieza a tomar conciencia de tu cuerpo físico y tu respiración.

» Agradece: "Gracias, gracias, gracias".

» Cuando te sientas listo(a), abre tus ojos confiando en la ayuda del poderoso arcángel Chamuel.

Afirmaciones: Yo soy perfecto amor

Símbolo: Cho Ku Rei
Arcángel: Chamuel

La cultura en la que crecimos nos ha enseñado que amar a otro significa sacrificarnos y tolerar situaciones negativas y aceptarlas. Por eso quizá muchas veces entramos en relaciones desequilibradas que, a la larga, nos hacen perder la autoestima. Para programar el amor es necesario que estemos en completo reconocimiento de nosotros mismos, de lo que valemos y lo que merecemos. Las afirmaciones positivas son una gran herramienta para lograrlo, pues cambian la baja vibración de la no aceptación y nos permiten reconocernos en el amor y en la infinita capacidad que tenemos de amarnos y amar a otro de forma perfecta.

A continuación te presento diez afirmaciones poderosas que te ayudarán a elevar tu autoestima. Antes de decirlas, toma tu carta Cho Ku Rei, ponla sobre tu corazón, cierra tus ojos, respira profunda y lentamente tres veces, y pide al arcángel Chamuel que te permita elevar tu autoestima y reconocer el ser divino y perfecto que eres. Después lee despacio e interioriza cada una de estas frases:

1. *Me reconozco como un ser único e irreemplazable.*
2. *Yo soy amor, yo soy perfecto(a), me amo y me acepto tal y como soy.*
3. *La persona a quien más amo soy yo.*
4. *Agradezco por cada parte de mi cuerpo, reconozco mi perfección.*
5. *Escucho la voz de mi corazón. Mi corazón jamás se equivoca.*
6. *Soy disciplinado(a) y constante con mis proyectos, merezco ser exitoso(a).*
7. *Disfruto mis espacios de soledad y también los de compañía.*
8. *Permito que mis sueños sean más poderosos que mis miedos.*
9. *Yo soy la persona más indicada para tomar decisiones.*
10. *Hoy es un día perfecto para amarme y ser feliz.*

Nota: Te recomiendo repetir estas afirmaciones todos los días de tu vida. Incluso si al principio no las dices con total convencimiento, continúa. Poco a poco irás integrándolas y reconociendo el valor de estar vivo(a).

Visualización: Mapa del tesoro para encontrar el amor

Símbolo: Cho Ku Rei
Arcángeles: Los siete
Objetos que necesitarás: Papel del tamaño deseado, lapicero

> » Tomando el siguiente gráfico como referencia, toma una cartulina del tamaño que desees y haz tu propio

mapa del tesoro. En el centro escribe "YO" y en los otros círculos escribe lo que quieres pedir (lo que ves en el gráfico de abajo son solo algunos ejemplos). Puedes escribir tus sueños, lo que quieres mejorar en tu vida, tus retos más grandes, tus mayores anhelos o de pronto los cambios que quieres hacer en tu vida para vencer los miedos. Todo lo que quieres ser o hacer debe estar planteado en el mapa del tesoro y este puede ser tan grande y tan ambicioso como quieras. Nunca te canses de pedir y de programar lo que quieres en tu vida, pues no hay límites que te detengan.

» En algún espacio de la cartulina, escribe la siguiente oración: "Arcángeles Rafael, Uriel, Miguel, Chamuel, Zadquiel, Jofiel y Gabriel, les pido intermediación en la programación de mis deseos. Sé que sus poderosas manos toman mis anhelos de forma amorosa. Desde

* Mapa del tesoro extraído de la técnica de Programación Neurolingüística (PNL).

hoy cumplo mis metas con amor y pasión, desde hoy confío. Gracias, gracias, gracias".

» Durante 21 días lee lo que escribiste. Cada vez que lo hagas, toma tu carta Cho Ku Rei en tus manos para potencializar tus deseos y con ella en el corazón repite la oración que escribiste a los ángeles. Recuerda que tienes en tus manos el poder para seguir adelante y planificar tu vida como siempre la soñaste. ¡Sólo debes agradecer y permitir que todo lo que programaste llegue a tu vida amorosa!

» Agradece: "Gracias, gracias, gracias".

AFIRMACIÓN

"Desde hoy y para siempre mi energía es la del amor"*.

---

*Pon la carta Cho Ku Rei sobre tu corazón para potencializar esta afirmación y repítela 21 veces; de esta manera tu mente integrará su energía plenamente.

TERCERA PARTE

Otras herramientas

CAPÍTULO I

21 DÍAS MILAGROSOS
PARA ABRIR LA PUERTA HACIA EL AMOR

La neurociencia y el estudio de varios científicos han demostrado que solo se necesitan 21 días para cambiar un hábito, instalar una nueva creencia. Por eso, en este ejercicio te comprometerás durante 21 días a transformar hábitos e instalar nuevas actitudes e ideas que cambiarán el resto de tu vida con respecto al amor. La energía sutil del reiki angelical te acompañará. Tendrás un reto diferente cada tres días y un arcángel distinto con su símbolo correspondiente será tu guía durante cada etapa. Recuerda que cada reto es contigo mismo(a) y deja que tu motivación para superarlo sea esta: "Con cada reto que supero abro la puerta hacia el amor que sueño y mi felicidad".

RETO 1 (DÍAS 1 AL 3): VIVO EN GRATITUD

Símbolo: Dai Ko Myo
Arcángel: Chamuel

La gratitud es uno de los estados de más alta frecuencia a nivel físico mental y emocional. Permite desarrollar el hábito del pensamiento positivo y, al pensar positivo, inmediatamente cambias tu vida. Así es que tu reto de los primeros tres días agradecer cada una de las situaciones que se te presenten. Lo harás de esta manera:

» Antes de salir de tu casa, toma tu carta Dai Ko Myo, ponla sobre tu corazón y repite 21 veces: "Solo por hoy soy agradecido(a)".

» Después, con confianza y optimismo, lee la siguiente oración: "Arcángel Chamuel, hoy eres mi guía. Estoy tomado de tu mano para elevar mi conciencia en la gratitud y el amor. Hoy doy gracias a Dios, al universo y a ti por la vida, por estar en mi camino, por la capacidad que adquiero desde hoy para amar y agradecer. Gracias por permitir la experiencia que hoy me regala la gratitud".

» Agradece todo el día por todas las experiencias que tengas. Estos son tus tres días de alta vibración en la gratitud, así que no te permitas salir de este estado. Recuerda cuantas veces sea necesario que estás en la compañía del arcángel Chamuel y que él está llevándote de la mano para que regrese a ti la felicidad que se obtiene cuando somos agradecidos.

El regalo que ofreces

Durante estos tres días, escoge tres personas a quienes tengas algo que agradecer y sorpréndelas con una llamada, un presente, una palabra amorosa o una visita. Agradéceles. Selecciona una sola persona por día. Recuerda que cuando das un regalo con amor, este retorna a ti multiplicado tres veces.

Mensaje de Chamuel Arcángel:

En estos tres días espera un milagro de algo maravilloso en el plano romántico. Agradécelo.

Reto 2 (días 4 al 6): Recupero mi sentido del humor

Símbolo: Cho Ku Rei
Arcángel: Zadquiel

El sentido del humor te da la capacidad de vivir cualquier circunstancia de la vida de forma positiva, eleva tu autoestima y te llena de cualidades para relacionarte con tu entorno de forma alegre y divertida.

Durante estos tres días, busca el espacio para hacer las siguientes actividades:

» Antes de salir de tu casa toma tu carta Cho Ku Rei para potencializar la risa y el sentido del humor, ponla sobre tu corazón y di la siguiente oración: "Arcángel Zadquiel, hoy estoy tomado de tu mano para elevar mi autoestima y recuperar mi sentido del humor. Invádeme de tu poderosa luz violeta y trasmuta en este instante los sentimientos de amargura, rabia o dolor, para que regrese a mí la alegría de vivir, el juego, la risa y la diversión. Gracias por permitirme experimentar esta experiencia. Gracias, gracias, gracias".

» A cualquier hora del día busca un espejo y, mirándote en él, repite 21 frases como "soy tan divertido(a)", "soy tan alegre", "me encanta reírme", "disfruto tanto la vida". Haz muecas mientras dices las frases. Esto te ayudará a eliminar tensiones y a recordar que estás adquiriendo sentido del humor.

» Invita uno de los tres días a alguien que se encuentre bajo de ánimo a compartir contigo un rato de diversión. Puedes ir a ver una película cómica, ir a bailar, etc. Prepara algunas anécdotas o chistes que le puedas compartir, ingéniate un plan divertido y en la mejor actitud para alegrar la vida de tu invitado especial.

El regalo que ofreces

Durante estos tres días, comprométete a saludar con una gran sonrisa a todas las personas con las que tengas contacto. Recuerda que cuando das un regalo con amor, este retorna a ti multiplicado tres veces.

Mensaje de Zadquiel Arcángel:

Tu sentido del humor permitirá que te sientas único(a) e inigualable. Durante estos tres días, serás invitado(a) a un plan divertido. ¡Te sorprenderás!

RETO 3 (DÍAS 7 AL 9): LIMPIO ENERGÉTICAMENTE MIS ESPACIOS

Símbolo: Sei Hei Ki
Arcángel: Miguel

La limpieza energética te permite armonizar tu vida y tu entorno. Durante los siguientes tres días, de forma amorosa, te limpiarás de pensamientos negativos y liberarás las malas energías (propias o de otros). Este es el momento de cambiar tu energía para que pueda entrar la vibración del amor. Durante los tres días, realiza las siguientes actividades:

» Antes de salir de tu casa, toma la carta con el símbolo Sei Hei Ki y ponla sobre tu corazón. Invoca al arcángel Miguel con la siguiente oración: "Arcángel Miguel, invoco tu presencia y tu ayuda divina para que tu poderoso rayo de luz azul proteja mi energía vital y me libere de vibraciones negativas y de cualquier daño que atente contra mi pensamiento o integridad física, mental o energética. Protégeme hoy y siempre y hazme invisible e invencible ante cualquier energía negativa. Que tu luz me otorgué la energía del amor. Gracias, gracias, gracias".

» Cada vez que lo desees, prende una vela azul en homenaje al arcángel Miguel y limpia tu espacio pasando por todas las esquinas una varita encendida de incienso de canela.

» Comprométete a no juzgarte o a juzgar a otros.

El regalo que ofreces

Consigue tres imágenes del arcángel Miguel y elige tres personas que consideres que deben limpiar su energía. Escoge una para cada día y entrégale con amor la imagen. Si deseas puedes regalarles también una barra de incienso y explicarles que es un amoroso regalo energético que quieres darles para que limpien su energía. Antes de entregar el presente debes hacer la oración al arcángel Miguel para que limpie la energía de las personas que elegiste. Recuerda que cuando das un regalo con amor, este retorna a ti multiplicado tres veces.

Mensaje del arcángel Miguel:

Durante estos tres días encontrarás una solución fácil y simple a un problema delicado.

RETO 4 (DÍAS 10 AL 12): RENUEVO MI DON DE LA PALABRA

Símbolo: Cho Ku Rei
Arcángel: Gabriel

La palabra es uno de los dones más poderosos que Dios nos entregó, pues nos permite crear, otorgando vida al pensamiento. A través de la palabra acertada y amorosa puedes crear y construir los más hermosos milagros. De la misma manera, con una palabra desatinada o dicha desde un lugar de baja vibración, podemos destruir a otra persona o a nosotros mismos.

Por esta razón debes cuidar que tus palabras sean acertadas, amorosas, creativas, inteligentes, y siempre estén cargadas del ingrediente principal: el amor. Durante estos tres días, cuida especialmente tus palabras. Procura que cada palabra sea constructiva, aunque se te presenten situaciones negativas. Así renovarás tu don de la palabra y así empezarás a crear la realidad que sueñas a nivel sentimental. Las siguientes acciones te ayudarán:

» Antes de salir de tu casa, toma tu carta Cho Ku Rei y, poniéndola sobre tu corazón, lee la siguiente oración: "Arcángel Gabriel, te amo y te bendigo. Permite que desde hoy adquiera el don de la palabra. Elimina de mi mente los pensamientos negativos, ayúdame a expresarme con amor en todo momento, sin importar la situación. Permite que mi palabra siempre construya lazos de amor".

» Si por alguna razón te encuentras en medio de alguna situación difícil, respira calmadamente antes de hablar. Retén un instante el aire en tu abdomen al inhalar. Guarda silencio hasta que sientas tranquilidad. Si es necesario exprésale a las personas involucradas que necesitas un momento para ti. Recuerda que este es tu reto personal. Si lo necesitas, puedes hacer la oración anterior al arcángel Gabriel y él de inmediato te ayudará.

El regalo que ofreces

Durante estos tres días escoge tres personas a quienes hayas ofendido con tus palabras en alguna medida y hazles un cumplido honesto o regálales alguna frase que les permita experimentar un instante agradable. Elige una persona por día. Recuerda que cuando das un regalo con amor, este retorna a ti multiplicado tres veces.

Mensaje del arcángel Gabriel:

En estos tres días, alguna frase que dices o el modo en que te expresas enamorará a alguien de forma instantánea.

Reto 5 (días 13 al 15): Desintoxico
MIS EMOCIONES

Símbolo: Sei Hei Ki
Arcángel: Jofiel

Tú eres la suma de tus cuerpos físico, mental, emocional y espiritual. Todos estos cuerpos se interrelacionan para formar tu campo energético, y es por eso que cualquier situación que mejore en uno de esos ámbitos influye rápidamente en tu estado general de bienestar.

Tus emociones están ligadas directamente al ser integral que eres. Teniendo en cuenta que estas son producto del pensamiento, si tus pensamientos son positivos, tus emociones serán confianza, seguridad, alegría, armonía, etcétera. En cambio, si tus pensamientos son negativos, te mantendrás en estados de depresión, baja autoestima, miedo y desconfianza.

Por esa razón, para abrir la puerta al amor, es indispensable que desintoxiques tu mente de la basura emocional que te paraliza y te mantiene en estados de miedo y desconfianza. Para eso tendrás la ayuda del arcángel Jofiel, quien te inspirará a despertar ese guía interior que te permitirá mantener el pensamiento positivo y experimentar las emociones del amor y la felicidad. Durante estos tres días, haz lo siguiente:

» Antes de salir de tu casa, toma tu carta con el símbolo Sei Hei Ki y, poniéndola sobre el chakra de las emociones, repite la siguiente oración: "Amado Jofiel, arcángel de la sabiduría divina, inspírame con pensamientos positivos, permíteme despertar la claridad mental, el amor y la alegría. Que cada instante de mi vida sea guiado por pensamientos de amor, inspiración y creatividad divina. Gracias, gracias, gracias".

» Durante cada uno de estos tres días, programa una alarma en tu celular para que suene cada dos horas. En el instante en que se dispare, analiza qué pensamiento está cruzando por tu mente y qué emoción te genera. Anota tu experiencia y felicítate por cada emoción positiva. Si encuentras que hay emociones negativas, reza al arcángel Jofiel la oración del punto anterior y anteponle un pensamiento positivo. Así aprenderás a controlar el pensamiento y las emociones.

» Durante estos días, cuida tus emociones a través del pensamiento positivo. Evita las tensiones, los conflictos, las charlas negativas, la crítica, el chisme y las personas tóxicas en general. Estarás trabajando en ti y especialmente durante estos días lo más indicado es compartir con personas positivas y alegres.

El regalo que ofreces

Durante estos tres días, comprométete a no criticar, a no quejarte, a no juzgar y a no involucrarte en ningún tipo de chismes. Tu silencio ante cualquiera de estas situaciones será el mejor regalo.

Mensaje del arcángel Jofiel:

Mantendrás la ecuanimidad ante un problema difícil que se te presenta, y eso te permitirá encontrarás la solución más inteligente.

RETO 6 (DÍAS 16 AL 18): SANO MI CORAZÓN

Símbolo: Sei Hei Ki
Arcángel: Rafael

Una pérdida, ruptura o situación de conflicto puede quebrantar nuestra salud física y emocional. Las investigaciones revelan que el cerebro procesa en la misma área y de la misma forma el dolor físico que el dolor emocional. Esto explica que una ruptura sentimental o un conflicto de pareja pueda volverse crónico y repercutir en el cuerpo físico y mental, causando baja autoestima, depresión, malestar, e, incluso, generando enfermedades físicas difíciles de curar.

Es necesario eliminar los sentimientos de dolor, bloqueo, rabia, malestar, indignación o cualquier emoción similar que esté afectando tu existencia. Sin importar si es a causa de una ruptura sentimental, un desengaño, una desilusión, el arcángel Rafael (el médico divino) te ayudará a curar cualquier proceso doloroso del pasado para que tengas una vida sana a nivel físico y emocional. Él te otorga la energía sanadora de Dios para curar tus heridas sentimentales y transmutar el dolor en amor. Para hacerlo sigue estas acciones:

> » Te invito a que examines el sentimiento y experimentes si es de rechazo, frustración, dolor, vergüenza, soledad;

trata de entender qué sentimiento es y qué te genera la situación. Cuando lo tengas claro lo vas a soltar y curar estos tres días.

» *El primer día de este reto* (día 16 de todo el ejercicio), antes de salir de tu casa, toma tu carta con el símbolo Sei Hei Ki y, poniéndola sobre el chakra del corazón, repite la siguiente oración: "Arcángel Rafael, amado sanador divino, permíteme tomar el remedio perfecto para sanar mi corazón con tu rayo verde esmeralda y liberar mi corazón de todo el dolor que me causó _____(nombre de la persona que lastimó tu corazón), transmuta cualquier sentimiento negativo o vengativo que tenga en su contra, permíteme liberarme del dolor y sanar mi corazón, mi cuerpo y mi alma, abriéndome la puerta a nuevas oportunidades y llenándome de amor y pasión por la vida".

» *El segundo día de este reto* (día 17 de todo el ejercicio), escribe una carta a alguna persona a quien debas pedir perdón por haber lastimado su corazón. Si te es posible envíala. Si no tienes esa posibilidad, léela y quémala con la llama de una vela verde. Luego tira sus cenizas al viento y por un instante, con tus ojos cerrados, envíale amor a la persona a quien dirigiste la carta. Envíale luz durante el resto del día.

» *El tercer día de este reto* (día 18 de todo el ejercicio), al despertar y antes de dormir, repite la siguiente afirmación 21 veces con la carta Sei Hei Ki sobre tu corazón: "Mi corazón se encuentra sano, hoy y todos los días de mi vida, tengo la capacidad de amar y ser amado(a)".

El regalo que ofreces

Escoge una persona que haya sido lastimada en su corazón. Copia la oración de Rafael Arcángel en un pergamino o ingéniate algo hermoso y a tu gusto para entregársela. Cuéntale a Rafael Arcángel a quién escogiste para que lo envuelva con su poderosa luz verde esmeralda. Recuerda que cuando das un regalo con amor, este regresa a ti multiplicado tres veces.

Mensaje del arcángel Rafael:

Llegará a tu vida una persona que alegrará tu corazón. Agradece.

Reto 7 (días 19 al 21): Me conecto con la abundancia infinita

Símbolo: Cho Ku Rei
Arcángel: Uriel

El dinero es un factor importante en tu diario vivir y aunque sin duda este no garantiza la felicidad en la pareja, está claro que si eres pudiente puedes tener tranquilidad con respecto a la economía e invertir en diversión, como cenas románticas, vacaciones, regalos, etcétera. Por el contrario, los problemas económicos te pueden generar ansiedad, mal humor y cualquier otro sentimiento negativo, lo que repercute en tu vida en pareja.

El arcángel Uriel intercede para eliminar de tu vida cualquier bloqueo que impida que obtengas la abundancia y la prosperidad que mereces. Durante los tres días de este reto, haz lo siguiente:

» Antes de salir de tu casa, al mediodía y antes de dormirte, toma tu carta Cho Ku Rei para potencializar tu intención y ponla sobre tu corazón mientras repites la siguiente oración: "Arcángel Uriel, gracias por permitir que tu luz rojo rubí llene mi vida de abundancia, gracias por acudir de forma amorosa a mí; a través de tu rayo de luz recibo riqueza en forma abundante e infinita. Gracias, gracias, gracias".

» Apenas te levantes y antes de dormir, agradece cada uno de los alimentos que ingeriste, tu vivienda y cada cosa que posees. Así elevarás los niveles de conciencia al estado de gratitud, donde se produce la magia de los milagros.

El regalo que ofreces

Escoge a alguien que esté atravesando por una situación económica difícil y dale algo que la haga feliz. Cuéntale de Uriel Arcángel y cómo puede ayudarle.

Agradece: "Gracias, gracias, gracias".

Mensaje del arcángel Uriel:

La abundancia te pertenece, tómala es para ti, la mereces.

Felicitaciones. Has completado el reto de 21 días que abre la puerta hacia el amor. Ya estás listo(a). Atraviesa el umbral y déjate sorprender.

CAPÍTULO II

Rituales de poder

Desde tiempos antiguos, los diferentes pueblos han tenido rituales con significados distintos según sus creencias o costumbres, pero con la misma finalidad: conectar el "yo" interior con la divinidad a través de objetos, acciones y elementales que le dan fuerza a la intención para lograr nuestros sueños. Los rituales que presento en este capítulo son muy poderosos porque te llevan a encontrar tus más grandes deseos y a sembrar la intención en tu corazón para materializarlos con la ayuda y el poder de los arcángeles, los símbolos de reiki y los elementales. Y cuando unes la intención con la acción de un ritual hecho con fe, entras de inmediato en contacto con lo invisible... se abre ante ti la posibilidad de hacer realidad tus deseos.

1. ME RECONOZCO, SOY AMOR

Símbolos: Dai Ko Myo, Cho Ku Rei
Arcángel: Chamuel
Objetos que necesitarás: Vela naranja, aceite de rosas, pétalos de rosa color naranja (un pétalo por cada año que tengas)

» En un recipiente macera los pétalos de rosa. Cuando alcancen una textura como de crema, vierte sobre ellos el aceite de rosas.

» Deja durante la noche tu carta Dai Ko Myo sobre la preparación para conectar estos elementales con el amor propio.

» A la mañana siguiente, pon tu carta Cho Ku Rei sobre la crema para darle fuerza y poder mientras repites la siguiente oración: "Arcángel Chamuel, te pido con profundo amor que desde este instante pueda aceptarme y amarme tal como soy. Elimina de mi vida cualquier sentimiento de negatividad hacia mí mismo(a), permíteme reconocerme como el ser divino y perfecto que soy, que desde hoy mis pensamientos, mis acciones y mi vida se basen en el amor".

» A la mañana siguiente antes de empezar tus actividades toma un poco de la crema y repite la siguiente afirmación: "Me reconozco como un ser único e irreemplazable. Yo soy amor, yo soy perfecto(a), me amo y acepto tal como soy".

» Después tapa tus ojos con tus manos en forma cóncava y repite "Dai Ko Myo" varias veces para conectarte profundamente con tu amor propio y sanar cualquier situación relacionada con el amor y la autoestima.

» Agradece: "Gracias, gracias, gracias".

2. ME LIBERO DE ENERGÍAS NEGATIVAS

Símbolos: Sei Hei Ki, Cho Ku Rei
Arcángeles: Miguel, Gabriel, Rafael, Uriel
Objetos que necesitas: Vela azul, agua de rosas (puedes prepararla tú mismo(a) con una infusión de 7 pétalos de rosa en agua caliente), incienso de sándalo, sal gruesa, alcohol, cerillos, un recipiente hondo que resista el fuego

En este ritual, cada uno de los cuatro arcángeles representa uno de los elementos y está simbolizado con uno de los objetos que usaremos, así:

Arcángel Miguel: Fuego, vela azul
Arcángel Gabriel: Agua, agua de rosas
Arcángel Rafael: Aire, incienso de sándalo
Arcángel Uriel: Tierra, sal gruesa y alcohol

» Pon en tu altar la vela azul, el incienso de sándalo, una jarra de agua de rosas y un recipiente resistente al calor con tres cucharadas soperas de sal gruesa y tres cucharadas de alcohol.

» Toma tu carta Cho Ku Rei, ponla sobre cada uno de los elementos de tu altar y por cada objeto pronuncia "Cho Ku Rei" 7 veces (el 7 es un número sagrado que representa la creación, la perfección, el cambio, así como las siete fases lunares).

» Toma tu carta Sei Hei Ki y ponla entre tus manos junto con la carta Cho Ku Rei. Lleva ambas cartas sobre tu corazón con tus manos en forma cóncava y di: "Invoco la presencia de los cuatro arcángeles amados: Rafael, Uriel, Miguel y Gabriel. Invoco su amorosa presencia en nombre de la Divinidad para sanar y potencializar mi cuerpo, mente y espíritu con la energía del amor".

» Con un cerillo prende la vela azul y conságrala al arcángel Miguel con estas palabras: "Amado arcángel Miguel, libérame de cualquier daño hecho en mi contra, corta cualquier cadena de negatividad en mí".

» Con cuidado de no quemarte, prende fuego a la sal gruesa y al alcohol dentro del recipiente. Mirando la llama, di: "Amado arcángel Uriel, por medio del fuego y la sal, transmuta la energía negativa que haya en mi vida en energía perfecta de amor". Cuando se acabe el fuego, bota la sal en el inodoro y descárgalo.

» Prende el incienso y, mientras pasas el humo por tu cuerpo y el espacio donde te encuentras, di: "Arcángel Rafael, sana mi mente y cada uno de mis pensamientos. Lléname de positivismo y amor".

» Toma los símbolos Sei Hei Ki y Cho Ku Rei nuevamente, tapa con ellos la jarra del agua de rosas y dile al arcángel Gabriel: "Purifica esta agua de hermosas rosas que he consagrado para que limpies todas las memorias negativas del pasado. Permite que regrese a mí la energía perfecta del amor". Deja los símbolos sobre la boca de la jarra por lo menos una hora más.

» Lleva la jarra a la ducha, toma un baño como normalmente lo haces y al final vierte la infusión de agua de rosas desde tu cuello hacia abajo invocando a los cuatro poderosos arcángeles.

» Agradece la limpieza: "Gracias, gracias, gracias".

3. Abro la puerta al amor

Símbolos: Sei Hei Ki, Cho Ku Rei, Dai Ko Myo
Arcángeles: Rafael, Zadquiel, Chamuel
Objetos que necesitarás: Vela verde, vela violeta, vela naranja, dos hojas de papel, lapicero, un plato de color blanco, fósforos de madera, una barra de incienso de violeta

Nota: para este ritual es indispensable haber hecho el ejercicio y la meditación del capítulo III (pp. 65-72), pues se debe hacer con el corazón libre de rencores. Solo así se podrá soltar el pasado y abrir una nueva puerta al amor.

» En una hoja de papel, anota el nombre de las exparejas que sientas que debes perdonar o a quien debas pedir perdón. Al final de la lista escribe: "Arcángel Zadquiel trasmuta para siempre los sentimientos de baja vibración como el odio, la amargura, el resentimiento, la tristeza y la angustia. Convierte mis sentimientos negativos en positivos y permite que a mi vida llegue la alegría de vivir".

» Deja el papel sobre el plato y pon sobre él la carta Sei Hei Ki. Déjala ahí unos minutos para liberar todos los bloqueos emocionales y físicos que te impidan perdonar, retira la carta con el símbolo y prende fuego al papel hasta que se convierta en cenizas.

» Prende las velas violeta y verde y repite la siguiente oración con el símbolo Sei Hei Ki sobre tu corazón: "Arcángel Rafael, te amo y te bendigo. Sana mi corazón de los dolores del pasado, permite que esta luz represente la liberación del dolor. Desde hoy lleno mi corazón de tu luz verde de amor y saco para siempre de mi vida el rencor. Arcángel Zadquiel, te amo y te bendigo. Hoy transmuto los pensamientos negativos que tengo hacia mí mismo(a) y hacia los demás en misericordia, tolerancia y alegría de vivir".

» Escribe en la otra hoja de papel el siguiente decreto: "Arcángel Chamuel, te amo y te bendigo. Permite que el amor incondicional y divino se despierte en mí para soltar el pasado. Elimina toda negatividad de mi corazón y permíteme volver a enamorarme".

» Prende la vela naranja, pon la carta con el símbolo Dai Ko Myo sobre tu corazón y repite al arcángel Chamuel este último decreto.

» Deja sobre ese papel la carta con el símbolo Cho Ku Rei mientras se acaban de consumir las velas.

» Toma las cenizas que quedaron en el plato y sóplalas al viento, como señal de liberación.

» Agradece: "Gracias, gracias, gracias".

4. CONFÍO EN MIS DECISIONES

Símbolo: Cho Ku Rei
Arcángel: Jofiel
Chakras: Plexo solar
Objetos que necesitarás: Esencia de eucalipto o menta (tú eliges), incienso de sándalo, un litro de agua

» Coloca la esencia de eucalipto o de menta en un litro de agua hirviendo. Permite que el ambiente se invada con su olor.

» Busca un sitio donde te sientas cómodo(a) y puedas sentir la fragancia del eucalipto o la menta. Siéntate.

» Toma tu carta con el símbolo Cho Ku Rei y ponla sobre tu plexo solar con tus manos sobre el símbolo en forma cóncava.

» Concéntrate en inhalar y exhalar los vapores del eucalipto o la menta, sintiendo su deliciosa fragancia.

Imagina que esta invade tu mundo interior y limpia tu intuición para que puedas ver claramente.

» Mientras estás en ese estado, dile la siguiente frase al arcángel Jofiel: "Permite que tu sabiduría divina despierte en mí la inspiración para tomar y ejecutar mis elecciones de forma inteligente y tranquila".

» Al terminar prende la barra de incienso y pásala por tu cuerpo, repitiendo la siguiente afirmación 21 veces: "Confío en mí y en mis elecciones".

» Agradece: "Gracias, gracias, gracias".

5. Suelto los miedos

Símbolo: Sei Hei Ki
Arcángeles: Rafael, Miguel
Objetos e ingredientes que utilizarás: Hoja de papel, lapicero, recipiente con 3 litros de agua, sal gruesa, hojas de ruda, cerillos

» Anota en un papel los miedos que quieres vencer.

» En un recipiente con 3 litros de agua caliente, pon 7 cucharadas de sal gruesa y un racimo de hojas de ruda.

» Tapa la infusión y sobre la tapa pon la lista de los miedos que vas a eliminar y la carta con el símbolo Sei Hei Ki. Deja ambas cosas durante 30 minutos para potencializar tu baño.

» Toma una ducha normal, y al terminar, báñate con la infusión desde el cuello hasta los pies mientras dices: "Arcángel Rafael, sana mis pensamientos; arcángel Miguel, dame seguridad. Gracias, gracias, gracias". Cuando termines, permite que tu cuerpo se seque al natural y luego ponte ropa cómoda.

» Toma el papel donde anotaste los miedos que debes vencer, y quémalo con un cerillo sobre un plato. Cuando el papel quede en cenizas, sal y espárcelas al viento mientras dices: "Arcángeles Rafael y Miguel: Con su amorosa ayuda alejo de mí estos miedos. Yo soy la perfecta creación de Dios, cada día y cada instante de mi vida soy más seguro(a) de mí mismo(a). Confío".

» Agradece: "Gracias, gracias, gracias".

6. Abro la puerta a las nuevas oportunidades

Símbolo: Hon Sha Ze Sho Nen, Cho Ku Rei
Arcángel: Gabriel
Chakras que equilibro: Todos
Objetos e ingredientes que necesitarás: Vela blanca, infusión de 21 flores blancas, hoja y cerillos, plato de metal o de cerámica

» Prepara la infusión en dos litros de agua hirviendo, pon los pétalos de las 21 flores, ponle una tapa y —para potencializar tu intención— deja sobre ella la carta con el símbolo Cho Ku Rei. Permite que se enfríe.

» En una hoja en blanco escribe cada situación que te mantiene triste, aburrido(a), cansado(a), miedoso(a), sin esperanzas.

» Toma tu carta Hon Sha Ze Sho Nen, ponla sobre tu corazón y después de leer cada situación negativa que hayas descrito en la hoja, repite: "Alejo de mi esta situación y empezó de nuevo con confianza".

» Quema el papel sobre el plato y bota las cenizas por el inodoro. Permite que se vayan con el agua mientras dices: "Arcángel Gabriel, elimina de mi mente todos los pensamientos negativos y trae a mí la confianza, la inspiración y la alegría".

» Toma un baño normal y después vierte la infusión de flores desde el cuello hacia abajo mientras dices: "Arcángel Gabriel, confío en tu intermediación, confío en la inspiración que hoy llega a mi vida para abrir la puerta a nuevas oportunidades".

» Agradece: "Gracias, gracias, gracias".

7. TRANSMUTO MIS CELOS CON EL FUEGO PURIFICADOR

Símbolo: Hon Sha Ze Sho Nen
Arcángel: Zadquiel
Chakras que equilibras: Corazón, plexo solar
Objetos e ingredientes que necesitarás: Vasija resistente al fuego, sal marina, alcohol, cerillos, hoja de papel, lapicero

» En la vasija pon sal marina y alcohol.

» En un papel anota el siguiente decreto: "Arcángel Zadquiel, elimina de mi vida cualquier sentimiento negativo que me aleje de la felicidad. Haz que los celos sean consumidos por este fuego purificador".

» Toma tu carta Hon Sha Ze Sho Nen para sanar el pasado, el presente y el futuro, y por un momento ponla encima del decreto.

» Préndele fuego a la sal marina y al alcohol que se encuentran en la vasija.

» Frente al fuego lee en voz alta el decreto que escribiste en la hoja y luego pon esta en la vasija ardiente. Deja que se consuma.

» Agradece al arcángel Zadquiel la transmutación de los sentimientos negativos a través del fuego.

>> Cuando se apague la llama, desocupa el recipiente en el inodoro y descarga el agua.
>> Agradece: "Gracias, gracias, gracias".

8. Te enamoro, me enamoras

Símbolo: Dai Ko Myo
Arcángel: Chamuel
Chakras que equilibras: Corazón, plexo solar, raíz
Objetos que necesitarás: Vela naranja, papel pergamino, colores, hilo rojo

>> Ve a tu sitio de meditación, enciende la vela y pon música relajante de fondo, si así lo deseas.
>> En el papel pergamino pinta dos corazones entrelazados con un hilo rojo. En un corazón escribe tu nombre y en el otro el de tu pareja.
>> Pon tu símbolo Dai Ko Myo sobre el dibujo e invoca al arcángel Chamuel con tus propias palabras.
>> Escribe el siguiente decreto debajo de los corazones: "Me enamoro de mí, yo soy un ser perfecto y romántico. Dios así me creó. Me enamoro de mí, me amo y me acepto tal y como soy… perfecto".
>> Repite el decreto anterior 21 veces durante 21 días, siempre con tu carta Dai Ko Myo sobre tu corazón. Recuerda que somos el reflejo de lo que creemos y sentimos, así que si te enamoras de ti, eso lo proyectarás a tu pareja y el romanticismo volverá a nacer entre ustedes.
>> Guarda el dibujo de los corazones en un lugar especial y cada vez que lo veas repite el decreto para mantener en alta vibración tu autoestima y recordar quién eres.
>> Agradece: "Gracias, gracias, gracias".

9. Olvido sin dolor

Símbolo: Sei Hei Ki
Arcángeles: Todos
Objetos que necesitarás: Bomba blanca inflada con helio, hoja de papel, lapicero, incienso

» Escribe en el papel la siguiente oración: "Arcángeles de luz, les pido por favor que me permitan recordar sin dolor a _____ (nombre completo de la persona que quieres dejar ir). Permítanme transmutar los sentimientos de tristeza, rabia, amargura, resentimiento y dolor en perfecta paz y tranquilidad, llenando mi corazón de amor y fuerza para volver a empezar. Confío en su luz sanadora. Gracias, gracias, gracias".

» Lee la oración con tu carta Sei Hei Ki sobre tu corazón.

» Toma la barra de incienso encendida y pásalas varias veces sobre el papel mientras dices: "Confío en la luz sanadora de los poderosos arcángeles".

» Toma la bomba con helio y el papel, y busca un sitio hermoso al aire libre. Amarra tu oración a la bomba y suéltala. Permite que se la lleve el viento mientras agradeces a los arcángeles por ayudar a sanar tu corazón y a abrir de nuevo la puerta al amor.

10. Despierto la sensualidad en pareja

Símbolo: Dai Ko Myo
Arcángel: Chamuel
Chakras que equilibras: Sexual, corazón
Objetos que necesitarás: Aceite de rosas y aceite de canela

Es común que las parejas experimenten una pérdida de la sensualidad y la sexualidad por diferentes razones como el trabajo, los niños, el cansancio o la rutina. Si no se ataja a tiempo, esta situación puede terminar enfriando la relación o causando daños irreparables. Por esta razón te invito a que practiques este ritual con tu pareja y que, juntos, permitan que regresen el amor, la confianza y el deseo.

» Ubica los aceites sobre tu carta Dai Ko Myo y di la siguiente oración: "Amado arcángel Chamuel, te amo y te bendigo. Ayúdame a mantener viva la llama del amor con mi pareja. Permite que de nuevo despierte entre nosotros el deseo de estar juntos, amándonos desde ahora y para siempre. Gracias, gracias, gracias".
» Deja reposar los aceites sobre la carta durante varias horas para potencializar el amor en pareja.
» Durante tres días seguidos, toma unos minutos para practicarle a tu pareja el siguiente masaje: unta tu dedo índice con un poco de aceite de vainilla y masajea el chakra sexual de tu pareja haciendo suaves círculos. Mientras lo haces, susúrrale palabras dulces y amorosas, recuérdale lo hermoso(a) que es y las cualidades físicas y espirituales que más te gustan.
» Durante los tres días siguientes, pide a tu pareja que te practique el mismo masaje a ti, pero esta vez usando el aceite de canela.

» Al séptimo día, separa junto con tu pareja un tiempo para realizar este ejercicio: siéntense el uno en frente al otro. Durante tres minutos, mírense fijamente a los ojos y permanezcan en silencio. Cuando terminen, sin quitarse la mirada, tomen turnos para compartir la experiencia. Mencionen qué los enamora del otro, expresen cuál es la parte física que más les gusta del otro, expresen todo lo que sienten y terminen este ritual expresándose su amor como les nazca.

» Tómense de las manos y agradezcan juntos: "Gracias, gracias, gracias".

Este ritual devuelve el amor, la complicidad y el deseo en la relación.

11. Programo el amor perfecto

Símbolos: Hon Zha Ze Sho Ne, Cho Ku Rei
Arcángel: Chamuel
Objetos que necesitarás: Vela naranja, recortes de revista, fotografías y otras imágenes de pareja

Las fotos y cuadros que están en tu hogar o en tu lugar de descanso tienen una gran carga emocional. Por este motivo, cada imagen que tengas o cada fotografía que hayas decidido ubicar debe tener una energía positiva, es decir, debe reflejar amor, tranquilidad, serenidad y sobre todo mucha felicidad. Evita fotos o pinturas que evoquen peleas, conflictos, agresividad o peligro, porque de esta forma eso es lo que estás llamando a tu vida.

Para programar el amor, es necesario que en el sitio donde más permanezcas pongas fotos de parejas unidas, tomadas de la mano, besándose, o quizá caminando por la playa..., imágenes que representen el amor entre dos personas. Siempre las situaciones de romance atraen más romance. Por eso evita por completo fotos de parejas que estén dándose la espalda o discutiendo.

En tu habitación trata de tener fotos tuyas con tu pareja, si tienes una, o fotos de lo que quieres en una relación. Si no tienes una relación estable, busca fotos de parejas en Internet, recórtalas de una revista o consigue cuadros o imágenes. Sé ingenioso(a) y representa lo que quieres atraer a tu vida. Esto te recordará la fuerza y el poder que tienes para atraer todo lo que siempre has querido a nivel sentimental.

Antes de ubicar las fotos o imágenes que evocan el amor debes programarlas y potencializarlas. Puedes hacerlo de la siguiente manera:

» Ve a tu sitio de meditación y enciende una vela naranja.

» Toma tu carta Hon Zha Ze Sho Nen y, visualizando las fotos o imágenes que pondrás en tu hogar, di: "Arcángel Chamuel, te amo y te bendigo. Permíteme acceder al mundo invisible de mi futuro y ahí programar y sellar el amor de pareja sin miedo, ni límites. Conecta mi corazón con el de mi alma gemela y rodéanos con tu luz naranja perfecta. Gracias, gracias, gracias".

» Deja tu carta Hon Zha Ze Sho Nen y toma tu carta Cho Ku Rei. Déjala varias horas sobre las fotografías o imágenes que recortaste y, cuando la retires, repite el nombre del símbolo en voz alta tres veces, visualizando de nuevo tus fotos del amor.

» Ubica las imágenes en el sitio que consideres.

CAPÍTULO III

ORACIONES

Nota: *Antes de decir cualquiera de las siguientes oraciones, toma tu carta Dai Ko Myo, ponla sobre tu corazón y deja tus manos en forma cóncava sobre ella, permitiendo que la energía del reiki angelical te conecte con la fuente divina del amor. Si lo deseas, puedes prender una vela o una barra de incienso de canela como homenaje a los arcángeles por su intermediación con el reiki angelical.*

ORACIÓN PARA RECOBRAR EL AMOR PROPIO

Amados arcángeles Chamuel y Zadquiel:
Los amo y los bendigo. Estoy dispuesto a recobrar el amor hacia mí sin juzgarme ni juzgar situaciones pasadas o presentes. Les pido que renazca en mí la esperanza y alegría de vivir. Permitan que ame y respete cada parte de mi cuerpo, mente y espíritu, que cada día y cada momento de mi vida mis pensamientos y obras se basen en la fuente divina del amor; rodéenme con su poderosa luz desde ahora y para siempre. Gracias, gracias, gracias.

Oración para limpiar energías negativas

Amado arcángel Miguel:

Poderoso arcángel protector, te amo y te bendigo. Te ruego con amor que tu poderosa luz azul me rodee en una espiral de protección y amor. Libérame de cualquier daño y energía negativa que yo haya permitido entrar a mi vida con mi libre albedrío. Con tu poderosa espada de luz aparta de mi presencia toda maldad física, emocional y espiritual de mi vida. Confío en tu poder, el poder del amor y la protección. Desde hoy me siento sano(a), libre y protegido(a). Gracias, gracias, gracias.

Oración para sanar el corazón roto

Amado arcángel Rafael:

Sana mi corazón de los dolores del pasado, permite que vea con misericordia a todo aquel que me haya lastimado o a quien yo haya lastimado. Permíteme entender con amor que el pasado ya no existe y que solo debo recordarlo con gratitud. Que tu poderosa luz verde esmeralda sane desde hoy y para siempre mi corazón para así renacer de nuevo al amor. Gracias, gracias, gracias.

Oración para vencer el miedo al amor

Amados arcángeles Uriel y Chamuel:

Eliminen de mi vida los bloqueos y miedos que no me permiten amar y ser amado(a). Es mi deseo encontrar el amor sin miedo alguno; permitan que lo venza y logre sentirme seguro(a) y confiado(a). Hoy decreto con su amorosa ayuda y guía eliminar de mi corazón el miedo y la negatividad, para despertar el amor hacia mí mismo(a) y hacia el otro maravilloso ser que llega a mi vida; Así sea. Gracias, gracias, gracias.

ORACIÓN PARA LA PERFECTA COMUNICACIÓN DE PAREJA

Amado arcángel Gabriel:

Desde hoy y para siempre te ruego amorosamente permitir que todas y cada una de mis palabras se basen en la perfecta comunicación, que sean siempre en el momento justo y de manera amorosa y correcta, que mis palabras construyan y jamás destruyan, que siempre sean para mi beneficio y el de mi pareja. Permite que desde hoy cada una de mis palabras fortalezcan y renueven en mi vida el amor. Gracias, gracias, gracias.

ORACIÓN PARA VENCER LOS CELOS Y LAS INSEGURIDADES

Amados arcángeles Jofiel y Zadquiel:

Permítanme recobrar la tranquilidad en mis emociones; cancelen los sentimientos de inseguridad en mi vida, transmuten mis miedos en seguridad, mi desconfianza en inteligencia. Que mis bajas vibraciones se transmuten en amor perfecto para vencer mis celos, miedos e inseguridades, y que pueda reconocer mis cualidades y mis fortalezas para amarme y confiar en mí y en los demás. Gracias, gracias, gracias.

ORACIÓN PARA PROGRAMAR EL AMOR VERDADERO

Arcángel Chamuel:

Te amo y te bendigo. Permíteme vencer la duda. Intercede para que llegue a mi vida el verdadero amor, mi alma gemela, ese ser compañero y coequipero que comparta conmigo esta vida y este plano terrenal desde el respeto, la alegría, la bondad y la felicidad. Que tu luz naranja perfecta traiga a mí esa persona y me lleve a ella en el perfecto fluir del amor. Gracias, gracias, gracias.

CAPÍTULO IV

BAÑOS MÁGICOS PARA EL AMOR

Los baños que te comparto a continuación complementan de manera maravillosa todo el trabajo que has realizado con el reiki angelical en los capítulos anteriores de este libro. Desde la antigüedad, los chamanes y sanadores de diferentes culturas han utilizado los baños para reafirmar el poder y el mago interior que todos llevamos dentro. Cuando se combinan con la energía amorosa del reiki angelical, su poder se multiplica y nos llena de hermosos regalos.

Recuerda: lo perfecto es simple, y con estos baños recibirás toda la magia de forma fácil, deliciosa y sencilla.

Revive el amor y la pasión

Símbolo: Cho Ku Rei
Arcángel: Chamuel
Objetos e ingredientes: Olla grande, tres litros de agua, dos naranjas dulces, dos cucharadas de miel, dos astillas de canela, dos hojas de menta fresca

> » Vierte tres litros de agua en una olla.
> » Agrega al agua las dos naranjas con cáscara, las hojas de menta fresca, las dos cucharadas de miel y las dos astillas de canela.
> » Deja que la mezcla hierva, tápala y déjala reposar durante quince minutos. Pon la carta Cho Ku Rei encima de la tapa para que potencialices tu baño y déjala ahí durante dos horas.
> » Prepárate para entrar a la ducha y trae la infusión contigo.
> » Después de darte un baño normal, vierte la infusión sobre tu cuerpo del cuello hacia abajo mientras dices al arcángel Chamuel la siguiente oración: "Arcángel Chamuel, te amo y te bendigo. Gracias por permitirme amar y ser amado. Gracias por traer el amor y la pasión de nuevo a mi vida. Desde hoy confío. Gracias, gracias, gracias".

Despierta la dulzura

Símbolo: Dai Ko Myo
Arcángel: Chamuel
Ingredientes: Miel, recipiente de barro

En ocasiones nos quejamos por falta de dulzura o de detalles cariñosos en nuestras relaciones. Este baño es especial para despertar en ti la ternura dentro de tu relación. Con este baño lograrás sacar lo mejor de ti y de tu pareja.

» En un recipiente de barro pon 12 cucharadas de miel. Tápalo y pon encima la carta Dai Ko Myo para que potencialices la intención de conectar con la expresión dulce del amor.

» Prepárate para entrar a la ducha y trae la miel contigo.

» Después de darte un baño normal, procede a hacerte un masaje con la miel por todo el cuerpo mientras dices la siguiente oración al arcángel Chamuel: "Amado arcángel, permíteme comunicar de forma dulce y verdadera el amor a _____ (nombre de tu pareja). Aparta de mí las palabras y obras negativas y dañinas, permite que la ternura y el amor regresen a nuestra relación de forma mágica y maravillosa. Que desde hoy mantengamos la ternura y una hermosa comunicación que alimente nuestro amor. Gracias, gracias, gracias".

ATRACCIÓN DIVINA

Símbolo: Dai Ko Myo
Arcángel: Chamuel
Objetos e ingredientes: Olla grande, un litro de agua, un litro de leche de almendras, pétalos de siete rosas rojas, pétalos de dos girasoles, hojas de manzanilla, dos manzanas rojas

» En un litro de agua, agrega los pétalos de las siete rosas rojas, los de los dos girasoles, las hojas de manzanilla y las dos manzanas rojas cortadas por la mitad.

» Cuando esta mezcla esté hirviendo, agrégale 1 litro de leche de almendras.

» Deja reposar la infusión durante 15 minutos, tápala y pon encima tu carta Dai Ko Myo para potencializar tu intención de atraer el amor verdadero a tu vida.

» Prepárate para entrar a la ducha y trae la mezcla contigo.

» Después de darte un baño normal, vierte la infusión desde tu cuello hacia abajo mientras repites la siguiente oración al arcángel Chamuel: "Amado arcángel Chamuel, te amo y te bendigo. Te pido me permitas atraer la alegría del amor, permite que a mi vida llegue la persona perfecta que me ame y la que ame. Permíteme disfrutar y ver lo hermosa que es la vida al lado de una perfecta compañía. Confío en ti, en tu maravillosa guía y ayuda. Rodéame con tu poderosa luz naranja perfecta de amor para que desde hoy y para siempre el amor me pertenezca. Gracias, gracias, gracias".

Nota final

Gracias por permitir que el reiki angelical despierte en ti la alegría de vivir en el amor. Cada palabra que se encuentra en este libro tiene la intención de ayudarte a sanar tu corazón con la perfecta energía divina. El reino angélico permitió que esta técnica fuera entregada a la humanidad y que llegara a ti para que puedas crear la vida que sueñas. Recuerda que no existen límites para obtener lo que deseas, lo importante es que estés dispuesto(a) a abrir tu corazón y dejar que la magia del reiki angelical llene tu vida de los más hermosos milagros.

Un abrazo infinito de luz,
Teresa

AGRADECIMIENTOS

Quiero expresar mi gratitud a Dios por permitir la intermediación de los amorosos arcángeles, quienes dictaron palabra a palabra toda la información consignada en este libro. Gracias por elegirme como canal para entregar con profundo amor este conocimiento.

Infinitas gracias a mis amados hijos Felipe, Tatiana, Alejandra y Daniel, quienes siempre me acompañan y me apoyan en cada paso que doy en el camino espiritual. Gracias por la luz que traen a mi vida y por el amor generoso que me ofrecen.

A mis amados nietos Jerónimo y Adelaida, gracias por existir. Ustedes son fuente poderosa de amor y felicidad, mi inspiración y creatividad en este viaje fantástico del camino terrenal.

A mi amado padre Manolo, gracias por su presencia inquebrantable en mi corazón, y a mi madre Teresita por enseñarme siempre su generoso corazón.

A mi amada familia, gracias por la unión, el respeto y el amor que existe entre nosotros.

A mi adorada editora Marcela Riomalo, nuevamente gracias por creer, por tu guía, apoyo y compañía.

Al doctor Santiago Rojas, por ser fuente de inspiración para todos los que queremos dejar un granito de arena en este plano terrenal. Gracias por tu infinita y amorosa generosidad.

A todos los lectores y creyentes de la técnica del reiki angelical, gracias porque su apoyo me permitió publicar este segundo libro. Gracias por recibir la energía sutil y mágica del reiki angelical.

TERESA SALAZAR

Es canalizadora de mensajes de ángeles desde hace más de 20 años y autora del exitoso libro *Reiki angelical en casa* (Editorial Planeta, 2016). Es iniciada en Kriya Yoga por el Swamı Atmavidyananda Giri y terapeuta certificada de reiki, especializada en reiki angelical a través de la meditación. Cuenta con los dos niveles de Método Silva de Control Mental, el Método PHI (Potencial Humano Integral). Ha participado en el taller de angelología de Gloria Restrepo y en la terapia Sanación del Niño Interior del maestro Valeriano Tobón. Su misión es ayudar a las personas que necesitan cultivar el amor en sus corazones por medio de meditaciones guiadas y terapias de reiki angelical.

España
Barcelona
Av. Diagonal, 662-664
08034 Barcelona
Tel. + 34 93 496 70 01
Fax + 34 93 217 77 48
Mail: comunicacioneditorialplaneta@planeta.es
www.planeta.es

Madrid
Josefa Valcárcel, 42
28027 Madrid
Tel. + 34 91 423 03 03
Fax + 34 91 423 03 25
Mail: comunicacioneditorialplaneta@planeta.es
www.planeta.es

Argentina
Av. Independencia, 1682
C1100 Buenos Aires (Argentina)
Tel. (5411) 4124 91 00
Fax (5411) 4124 91 90
Mail: info@ar.planetadelibros.com
www.planetadelibros.com.ar

Brasil
R. Padre João Manuel, 100, 21o andar –
Edifício Horsa II
São Paulo – 01411-000 (Brasil)
Tel. (5511) 3087 88 88
Mail: atendimento@editoraplaneta.com.br
www.planetadelivros.com.br

Chile
Av. Andrés Bello 2115, piso 8
Providencia, Santiago (Chile)
Tel. (562) 2652 29 10
Mail: info@planeta.cl
www.planetadelibros.cl

Colombia
Calle 73 N.° 7-60, pisos 8 al 11
Bogotá, D.C. (Colombia)
Tel. (571) 607 99 97
Fax (571) 607 99 76
Mail: info@planetadelibros.com.co
www.planetadelibros.com.co

Ecuador
Whymper, N27-166, y Francisco de Orellana
Quito (Ecuador)
Tel. (5932) 290 89 99
Fax (5932) 250 72 34
Mail: planeta@access.net.ec
www.planetadelibros.com.ec

México
Masaryk 111, piso 2.° Colonia Polanco V
Sección Delegación Miguel Hidalgo 11560
México, D.F. (México)
Tel. (52) 55 3000 62 00
Fax (52) 55 5002 91 54
Mail: info@planetadelibros.com.mx
www.planetadelibros.com.mx

Perú
Av. Santa Cruz, 244 San Isidro, Lima (Perú)
Tel. (511) 440 98 98
Mail: info@eplaneta.com.pe
www.planetadelibros.com.pe

Portugal
Planeta Manuscrito
Rua do Loreto 16, 1ºD
1200-242 Lisboa (Portugal)
Tel. + 351 213 408 520
Fax + 351 213 408 526
Mail: info@planeta.pt
www.planeta.pt

Uruguay
Cuareim 1647
11.100 Montevideo (Uruguay)
Tel. (54) 11 2902 25 50
Fax (54) 11 2901 40 26
Mail: info@planeta.com.uy
www.planetadelibros.com.uy

Venezuela
Final Av. Libertador con calle Alameda,
Edificio Exa, piso 3, of. 302
El Rosal Chacao, Caracas (Venezuela)
Tel. (58212) 526 63 00
Mail: info@planetadelibros.com.ve
www.planetadelibros.com.ve

Grupo Planeta   Diana es un sello editorial del Grupo Planeta www.planeta.es